臨床教育学への視座

毛利 猛【著】
MOURI Takeshi

ナカニシヤ出版

まえがき

教育学という学問は、われわれ自身の教育経験の反省に根ざした学問である。われわれは「教育された」側としても、「教育する」側としても、日常的に教育を経験してきたし、また現に経験しつつある。われわれの学問の出発点が、こうした日常的な教育経験の反省にあるとすれば、大学で教育学を学ぶことは、自分が受けてきた教育を自己形成の観点から「振り返る」ことから始まると言ってよい。ただし、この場合、ただ「振り返る」のではなく、「責任ある教育者の立場」から「教育された」ことを振り返ることに意味がある。

大学に入って、これから教育学を学ぼうとする者は、これまで小学校、中学校、高校とずっと「教育される」側から教育というものを経験してきた。ところがいまや、「教育された」ことを「可能的な教育者」として、「教育する存在」の立場から捉え返し、そして同時に、「教育する」ことを「教育された」側から捉え返す。このように「教育する」側と「教育された」側の二重の視点を交錯させることによって、われわれの教育の捉え方はより奥行きのあるものになるのである。

ところが、困ったことに、教育が語られる文脈は、奥行きのあるものよりも平板なもののほうが「分かりやすい」し、教育を語る「語り口」は、多面的であるよりは一面的であるほうが人々によくアピールするようである。例えば、学校教育に限ってみても、教育ジャーナリズムは、一昔前なら、「管理主義教育」批判という分かりやすい文脈のなかで教育を語ってきたし、最近なら、どうして学校の教師は子ども（の気持ち）を理解してやれないのか、という誰も反論しようのない語り口で教育を語っている。

学校教育はこういう文脈と語り口のなかで繰り返し語られ、そして何か重苦しいものとして捉えられてきたのである。しかし、こうした教育の捉え方は、われわれの「教育された」経験のある側面、教育の抑圧的な側面だけを強調したものであって、どれほど分かりやすくて、人々によくアピールするものであっても、実は一面的な教育の捉え方である。こういう「割り切った」教育の捉え方ができるのは、教育という営みが両義的な性格をもつことからくる困難を、学校のなかにいる者とともに共有するつもりがないからである。

本書において私は、教育の両義性の内部に踏みとどまりながら、われわれが教育をどのように経験しているのかを、現象学的ないし物語論的に読み解こうと試みた。現象学と物語論は、教育研究における実証主義的なパラダイムの一元支配への反発と、われわれの教育経験の「語られ方」、教育理解の枠組みへの関心を共有している。両者の結びつきのなかに、「臨床教育学への視座」があると考えて、本書の題名とした。

本書は二部構成となっている。第Ⅰ部には、これまで私が書いてきたもののうち、どちらかと言えば学問論的な色彩の強いもの、とくに「臨床教育学」の物語論的な基礎づけに寄与すると思われる論稿を集めた。第Ⅱ部には、より応用的な色彩の強いもの、学校や教室において「問題」となる事象の解読に焦点を当てた論稿を集めた。とはいえ、この分け方は、あくまでも便宜的なものである。学問論と応用論、理論と実践が分かちがたく結びついていることに「臨床教育学」の特色があると思う。

なお、各章のもとになった論稿は、それぞれが独立した読み物なので、どこから読んでいただいてもよい。

臨床教育学への視座

目次

第Ⅱ部――学校と教室の臨床教育学

第Ⅰ部——教育の物語学と臨床教育学

第一章　教育の物語論的考察のために

一　物語ることと教育学のパラダイム転換

(1) 人間存在の「物語性」

われわれは、「物語る」という仕方で、自己の生の歩みと、この世界のなかで経験する出来事を理解する。ここで「物語る」とは、われわれが自己の生を、あるいは世界のなかで経験することを、始まり／あいだ／終わりという時間の流れのなかに筋立てて捉えることである。われわれは、自己の生の歩みを理解し、この世界において経験する出来事を理解するために、これをどうしても物語らなければならない。物語ることで、われわれは自分の人生に意味を与え、身の回りで起ったことを「有意味」な出来事として経験することができる。われわれの人生や人生上の出来事についての理解は、つねに何らかの「筋立て」を介した理解、つまり「物語的理解」である。「筋立て」られていないものに、われわれは決して近づくことができない。

ところで、人間が「ある」とは、「理解しつつある」ことであって、われわれはこの理解の背後に遡ることはできない。ところが、この理解はまた「物語的理解」として、「物語ること」と等根源的である。「物語ること」は、われわれの理解の枠組みであると同時に、「理解しつつある生」としてのわれわれの「あり方」である。

われわれはこれから、人間の基礎的な「あり方」としての「物語ること」について論じようと思う。人間は生きている限りつねに「物語りつつあり」、たとえ個々の物語から抜け出ることはできても、「物語る」という生の様式そのものから逃れることはできない。出来上がった作品としての物語も、このような人間のあり方（人間存在の物語性）から生み出されたものである。

(2) ナラティヴ・アプローチと臨床教育学

「物語」という言葉には、何かしら人を魅きつける力があるようである。最近、「○○物語」と銘うたれた商品をよく目にするし、学問の世界でも、この言葉を重要な視点ないしメタファーとする研究が、「物語学」の呼び名でもてはやされている。

「物語学」（ナラトロジー）は、もともと構造主義や記号論といった思潮の影響を受けた文芸批評の分野で展開された「物語テキストに関する理論」であったが、今では、物語を重要な視点ないしメタファーとする学問の立場（ナラティヴ・アプローチ）を総称していると考えてよかろう。現代の「物語学」は、もはや文学や文芸批評の分野にとどまらず、あらゆる人文および社会系の学問分野で、とりわけ「臨床的」な志向をもつ学問分野で展開され、それにともなって、「物語」の概念も、特定の時代の文学作品とその様式からより一般的な「筋」によってまとめられる言説へ、さらには「物語りつつある」という人間のあり方を言い当てるものへと拡大していった。こうして、人間と物語との関わりの多様な局面が明らかになるとともに、その視点を取り入れたことで、既成の学問研究のあり方が根本から問い直されるようになってきたのである。

それは、われわれの学問（教育学）においても例外ではない。ここ数年、教育哲学、教育社会学、教育方法学、教育史、保育学などの領域で意欲的な研究を進めている人たちが、「物語」という視点から教育の営みを捉え直し、そうすることで、教育研究における新しいパラダイムを切り拓こうとしている。彼らは、例えば、実証的な歴史研究、実証的な発達研究、実証的な授業研究といった、実証的なパラダイムの一元支配に対する反発と、教育の「語られ方」を理解する文脈への関心を共有している。

それでは、「物語る存在」としての人間に定位し、「物語」という視点から教育を捉えることが、どのような教育研究のパラダイムを拓くことになるのだろうか。

まず第一に、近代の実証科学が「私という人間」をできるだけ排除するところに成り立つのに対して、ナラティヴ・アプローチは、物語りつつある私のことを決して棚上げしない。むしろ私という人間の主体的な関与があるから、「筋」が立つのである。われわれは「筋立て」を通して現実と向かい合う。このことは、われわれの関与の仕方によって現実が違ったふうに「見える」ことを意味する。教育という現実も、それが「われわれの現実」である限り、物語ることによって構成されたものであり、これを研究対象として実体化する前に、その多様な「見え方」をこそ問うべきなのである。

第二に、ナラティヴ・アプローチは、われわれがたえず物語を語り直すという仕方で、現実を再構成していることを重視する。物語ることは切れ目のない語り直しである。われわれは現実を理解するためにこれを繰り返し語らねばならないが、しかし、語るたびごとに、この同じ物語をすでに聴いた者の立場から新しく語り直していく。こうして語りながら聴き、聴きながら語るなかで物語は反復され、反復されることで更新され続けていく。われわれは物語の視点を取り入れることで、教育という現実をダイナミックな生成過程において捉えることができるのである。

第三に、ナラティヴ・アプローチが教育学のなかに浸透してくるにつれて、われわれがこれまで教育をどのような文脈のなかで語ってきたのか、どのような「語り口」で語ってきたのかが反省されるようになってきた。教育が語られる文脈とその「語り口」は、われわれの教育「理解」の枠組みであって、それについての反省を含まない理論は素朴であると言わねばならない。そこから、例えば、何らかの教育「問題」を取り扱うに際しても、その問題を問題たらしめている文脈への関心、その問題の「語られ方」への関心が強まっているのである。

ところで、最近、教育学を「臨床的」な学問として構想しようとする努力が目立ってきたが、実は、そうした努力のうちの、最も有力なものの一つがナラティヴ・アプローチであると考えてよかろう。ナラティヴ・アプローチは、教育という物語を研究する者自身が、その当の物語の生成に参与しているという立場をとる。それはまさに「臨床的」な立場であり、実際のところ、多くの臨床教育学において「物語ること」が教育研究のパラダイムとされているのである。

二　物語としての自己／物語としての社会

(1) 物語的自己同一性

われわれは「物語」の概念を、「物語る」という以外に存在の仕方をもたない人間のあり方を言い当てるものとして幅広く捉え、こうした「人間存在の物語性」という最も包括的な地盤において「教育の物語学」を展開してみたいと考えている。

われわれが世界のなかで経験する出来事はすべて、それが「有意味な」出来事である限り、始まりと終わりによって区切られた「あいだ」に生起する。その「あいだ」の区切り方は、長いものもあれば、短いものもあり、また長い区切りのなかに複数の短い区切りが入るという具合に入れ子状になっているが、ともかく人間は、始まりと終わりに挟まれた「あいだ」をそのつど筋立てながら生きているのである。例えば、学生は、その学生時代の只中において始まり（入学）と終わり（卒業）を見通しており、そうした時間的展望のなかで、そのつど自分の学生時代を筋立てている。学生が学生であるのは、彼らが「私の学生時代」という「物語」を自分に対して語り続けているからである。

われわれは生きている限り物語ることをやめるわけにはいかない。そもそも、われわれが人間として生きることは、誕生と死という二つの限界によって区切られた生の歩みに、そのつど全体としての意味を与えながら生きること、つまり「私の人生」という物語を生きることである。

「私の人生」という物語を自分に対して語り続けることとは、「私は誰か」という問いに答えることである。P・リクールは、このようにして獲得される自己同一性を「物語的自己同一性」と呼んでいる。[1] 自己同一性に関する問いは、「物語的」にしか答えられない。われわれは自分についての物語を自分に対して物語ることで、「自分が自分である」ことを確認しつつ生きている。上に、「有意味な」出来事はいつも始まりと終わりの「あいだ」に生起すると述べたが、考えてみれば、「自分が自分である」ということも一つの出来事である。われわれが「自分自身である」そのあり方は、われわれが始まりと終わりの「あいだ」をどう筋立てるかによって、つまりどういう人生物語を物語るかによってそのつど違ってくるであろう。

われわれは「自分自身であり続ける」ために、自分の人生物語を繰り返し物語らなければならないが、そのことは、われわれの自己同一性というものが、事物的に存在するものの対象的同一性のようにいつも安定したものではないことを意味する。われわれの物語的自己同一性は、われわれが自分の人生物語を物語るたびごとに、たえず解体され更新され続けるような同一性である。

(2) 物語ることによる救済

それにしても、われわれはなぜ自分の人生物語を繰り返し物語り、そのたびごとにこの物語を修正し続けていくのだろうか。それについてはすでに、「自分自身である」ことを自己確認するためであると答えておいたが、しかし、それは単なる知的な確認作業にとどまらない。われわれは、繰り返し物語ることで、人生物語の主人公である自分自身と折り合いをつけ、自分の身に降りかかった出来事の結末を「受け入れよう」とするのである。いや、むしろ逆に、自分自身と和解することを迫られ、われわれにとって受け入れがたいことを何とか受け入れようとするとき、われわれは繰り返し物語るのだとも言えよう。物語は、われわれの身の回りで起こった出来事を道徳化、教訓化しようとする抜き差しならぬ欲求から生まれる。物語ることは、それ自体がすでに一つの解釈行為であるが、その解釈は出来事についての道徳的、教訓的な解釈である。

ところが、もともと物語ることは、物語の語り手から聴き手への伝承行為であるから、出来事の道徳的、教訓的な意味は、その出来事を物語ることで、物語の語り手と聴き手の間で共有されることになる。物語は、出来事の道徳的、教訓的な意味の共有という形で人と人を結びつける。共通の物語を語り、共通の物語を聴くことによって、われわれは個人的主体から共同体的主体になるのである。先ほど、われわれ一人ひとりの「自己」というものが「物語的」に構成されていることを見てきたが、実は、「社会」もまた「物語的」に構成されているのである。そして、「物語としての自己」と「物語としての社会」をつなぐものこそ「共通の物語」である。われわれは「共通の物語」を介して、自分自身であり続けながら同時に、社会との「横のつながり」を保つことができるのである。

しかし、物語が「つなぐ」のは、単に個人と社会だけではない。物語ることは、本来、異なる世代間の「縦の」伝承行為であるから、この点から言えば、世代から世代へと語り継がれてきた物語は、これを聴く者にとって、「向こう側」から届く声として聴こえるはずである。物語はわれわれに「横のつながり」とともに「縦のつながり」をもたらしてくれる。ある社会の「共通の物語」は、世代を越えて語り継がれることによって「聖性」を帯びるようになる。われわれは後継世代として、まずは、このような「聖なる物語」の聴き手である。もちろん、われわれはただ一方的に聴いているだけではなく、自ら語りもするのだが、その場合、もしわれわれの語る物語が何らかの規範性をもつとすれば、それは、われわれがこの同じ物語を聴いた者として語っているからである。このように、物語を語ることと聴くことの二つの局面のうち、「聴く」という局面、いや「聴こえる」という局面に力点を置くとき、物語の「垂直的」な次元が顕わになるのである。

物語を語る（聴く）ことは、われわれが生きていく上での制約である。しかし、われわれの生がその物語に「支えられている」こともまた否定できない。物語はわれわれの生の制約として、われわれを苦しめ、悩ませるとともに、われわれの生を支える力となって、われわれを救済してくれるのである。このような物語の二重の性格に応じて、われわれの物語に対する態度は大きく二つに分かれる。すなわち、一方には、物語がわれわれの生を制約し、抑圧するという側面に目を奪われて「物語批判」を展開している人たちがおり、他方には、物語がわれわれの生を支えてくれるという側面を強調して「物語の復権」を唱える人たちがいるのである。

それにしても、近代人の脅迫的とも言える自分自身へのこだわりは何を意味するのだろうか。それは、近代的な「自己の物語」が、「横のつながり」とも「縦のつながり」とも切れた主人公の語りであるため、彼らの生をしっかり支える力を失っていることと無関係ではなかろう。いまや、「自分さがし」という言葉がキャッチコピーになるほど、彼らの自己は根なし草となって浮遊している。「横」（共同体）と「縦」（伝統、超越）のつながりのなかに自分を位置づけることのできない近代人の不安が、皮肉にも、今日の過剰な「自分がたり」を生みだしているのである。

三　物語るのは「誰か」

(1) 語りにおける主体の二重性

われわれは、われわれの身の回りで起きたことに対して、ある部分を取り上げ他の部分は切り捨てることで、またある側面を強調して他の側面は軽視することで、一貫した筋のある話を物語ろうとする。物語ることには、どうしてもある種の誇張や一面化が避けられない。その点、坂部恵が言うように、「語る」ことは「騙る」（だます）ことに通じているのである。

とくに、「誰某をかたる」という表現において、われわれは「語り」が「騙り」でもあること、そして、この語りの作為（騙り）によって語りの主体が二重化されていることを明瞭に見てとることができる。坂部によれば、実は、ここに見られるような主体の二重化は、何ら「かたり」にとって派生的、例外的なものではなく、むしろ「かたり」の主体一般のもつ基本的な二重構造の一つの現われに他ならないという。(2)

では、これまで人は誰の名をかたって物語を語ろうとしてきたのだろうか。人が自分ではない誰かを「名のる」

とき、その語りの作為を、単に別人をよそおう詐称行為であるとして水平的な次元で解釈してはならない。人はかつて神格化された人物の名を「名のる」ことで、その名の人物に乗り移ることができた。「名のり」は「名乗り」であり、仮託された人物への憑依である。しかし、それは同時に「名告り」でもある。神格化された人物に乗り移って語る（騙る）ことで、語り手の物語るという行為は、神仏の託宣に近い、垂直的な言語行為になりえたのである。[3]

このように、日常的、水平的な次元においては、詐称による巧みな「かたり」を、超越的、垂直的な次元においては、ある種の神がかりにおける「かたり」を考えてみればよく分かるように、「語り」の主体はつねに二重化されているのである。だとすれば、「物語るのは誰か」という問いに、われわれは二重に答えなければならないことになる。「それは私であって、私ではない」と。しかし、これではまともに答えていないと言われても仕方がないだろう。私は以前に、この「語り」の人称をめぐる問題と、「物語」の「モノ」にどういう意味と位置づけを与えるかという問題を絡めて、「モノ語りはわれわれが〈モノを〉語ることであると同時に、〈モノが〉われわれを通して語ることである」と答えておいた。[4]

この後段の部分の、「〈モノが〉われわれを通して語る」というところは少し分かりにくいかもしれない。しかし、このような考え方は、それほど突飛なものではない。モノ語りを「モノによって引き起こされる語り」とする解釈の正しさは、われわれが普段から何気なく感じていることである。すなわち、われわれが何かを物語るとき、自分が語るというより、語らされているのだと強く感じるときがある。とくに、「のっている」ときがそうである。自分では考えもしなかったことが、思わず口をついて出てくる。そのとき、自分がそれを語ったのか、それとも言葉の方が「やってきた」のか、どちらかと言えば後者のように強く感じるときがある。その側面を強調するならば、「語り」の主体は、われわれではなくモノ、あるいは物語そのものであると言うことができるのである。

(2) 語ることと聴くこと

われわれは、自分の人生物語の語り手であると同時にその語りかけの対象、つまり聴き手でもある。一方では自分の物語を語りながら、他方では物語自身が語るのを聴いているのである。そして、物語自身が語るのを聴くということが、自分の物語を語ることに影響を与える。ちょうど、文芸理論の分野で、読み手の「読む」という行為そのものがストーリーに影響すること、したがって、ストーリーは読み手の参与に対して「開かれて」いることが、テキストの生産性という問題と関わって取り沙汰され、テキストと読み手の出会いとしての「読むこと」が重視されてきたように、「私の人生」という物語＝テキストの生成において、物語自身が語るのを「聴く」ということが担う役割がもっと重視されるべきであろう。われわれがどういう人生物語を物語るかは、結局、われわれがどういう人生物語に耳を傾けるかに依存しているのである。

ところで、いまあえて、物語自身が語るのを「聴く」とか、人生物語に耳を傾けるということを強調するのはなぜか。それは、このような物語との関わり方から、物語の「垂直的」な次元が顕わになるとともに、物語によって構築される自己が垂直の方向に開かれることになるからである。

物語を語ることと聴くことの二つの局面のうち、近代人の物語との関わり方は、圧倒的に前者の方に傾斜している。近代になって、われわれ人間は、自分の物語の能動的な語り手として、自由に自分の物語を創作できるようになった。ところが、このような物語創作の自由な主体となったにもかかわらず、いや、そうなったがゆえに、皮肉にも、われわれの生は物語によって「支えられ」なくなったのである。

近代的な「自己の物語」は、われわれを狭隘な「個人」のうちに閉じこめようとしている。本来、物語ることは、決して「個人」に還元される営みではないにもかかわらず、「向こう側」から届く声に耳を傾けようとしない近代人は、自ら物語る主体となって無数の物語を産出し続けている。しかも、あらゆる物語がその正当性を主張してやまず、なおかつ、どれもが「一つの物語にすぎない」のだから、「個人」を語り手とする物語の過剰は、われわれを相対主義という泥沼に引きずり込み、時代の病としてのニヒリズムを昂進させるのである。

四　物語ることの二面性

(1) 物語の「開示性」と「隠蔽性」

物語とは、われわれがこの世界のなかで経験することを、発端と結末をもつ「有意味」な出来事にまとめ上げる、そのまとめ方(筋立て)につけられた名前である。われわれは「筋立て」という迂路を経ることで、この世界のなかで経験した出来事を理解することができる。

さて、物語ることは世界を「隠蔽」すると同時に「開示」する。ある物語のもとに経験をまとめ上げる(筋立てる)ことは、つねに別様のまとめ方を閉め出すことで達成される。しかも、大抵の場合、その「筋立て」はどこかからの借り物であるから、この面を強調すれば、物語ることは、われわれの豊かな世界経験の可能性を閉ざすことだと言えよう。物語は世界を「隠蔽」する。これは紛れもない物語の一面であって、われわれはこの事実を引き受けながら、なおかつ物語るしかない。ところが、まさに物語るしかなく、物語ることから逃れられないということのなかに、隠蔽することが同時に開示することでもあるという、物語ることのもう一つの性格が示されているのである。

物語ることは、われわれの世界経験にそのつど完結をもたらすことであると同時にそのような完結をたえず破ることでもある。それは切れ目のない語り直しである。その意味で、われわれが生きている限り、ただもう、どうしようもなく物語るしかなく、物語ることから逃れられないということは、われわれの単なる制約条件ではなく、むしろたえざる世界「開示」の条件なのである。

このように物語は本質的に、「隠蔽性」と「開示性」という二つの性格を併せもっている。物語は一面からすれば、発端と結末の「あいだ」を筋立てることで、われわれの世界経験を時間的にまとめ上げる、一つの「閉じた」解釈図式である。その「閉じられた」性格は、「筋立て」がなかば惰性化したときに最も際立つことになろう。ところが、それは他面では、われわれの経験のつねに「開いた」解釈行為である。われわれが経験した出来事の一義的な規定性ということは原理的にありえない。それは物語られるたびごとに、新たに規定し直されるのである。

隠蔽することが開示することであり、開示することが隠蔽することであるという物語の二面性を、それ以外の二面性と絡めて論じてみるのも面白い。われわれは、これまでにもすでに、水平的な次元と垂直的な次元、語ることと聴くこと、個人の物語と社会の物語、われわれの生を抑圧する面と支える面など、様々な物語の二面性に触れてきたが、ここでは、「長い物語」と「短い物語」という観点と絡めて、隠蔽しつつ開示するという物語の二面性を説明してみよう。「物語ること」にとって、「始まり―終わり」という閉域を確定することは、その「あいだ」を筋立てることに等しい。つまり、始まりと終わりをどこで区切るかで、物語の「筋立て」はまったく違ってくるのである。その区切り方には、言うまでもなく、長いものと短いものがあり、そして、長短それぞれの物語のなかで見えてくるものと見えなくなるものがある。「長い物語」のなかでは見えないのである。例えば、子どもの「成長の物語」を一つ取り上げてみても、それを長いスパンのなかで筋立てるのか短いスパンのなかで筋立てるのかで、見えるものと見えないものが違ってくるはずである。そこから、ある時間的展望のなかで大変深刻な「問題」であったことが、それとは別の時間的展望のなかでは全然大した問題にならない、というようなことも起こるのである。

(2)「大きな物語」と「小さな物語」

さて、隠蔽しつつ開示するという物語の二面性に続いて、次にもう一つ、「大きな物語」と「小さな物語」が区別されるとき、その区別のなかで見てとられている物語の二重傾向について論じることにする。この「大きい物語」と「小さい物語」という物語の分け方は、先ほどの「長い物語」と「短い物語」という分け方とは、まったく観点を異にする物語の分け方である。すなわち、後者の分け方が、物語の始まりと終わりをどこで区切るのか、その区切り方の長短による分類であるのに対して、前者の分け方は、むしろ、それぞれの物語がどれだけ多くの人たちに、どれだけ絶対的なものとして語られ（聴かれ）ているかに関係している。

われわれは現在、「進歩」や「人間の解放」といった、これまで多くの人たちに共通に信じられ、それゆえ聖性を帯びていた「大きな物語」が、その信憑性をすっかり喪失してしまった時代を生きている。J・F・リオタールは、こうした「大きな物語」に対する不信感を「ポストモダン」と呼んだが[(5)]、われわれはもはや、「進歩」であれ、「人間の解放」であれ、かつては誰もが納得できた「大きな物語」に訴えかけることで自らの知を正当化することはできない。このような正当化の機能を担った「大きな物語」の失墜は、いまや誰の目にも明らかである。「大きな物語」の自明性のゆらぎを前にして、これまで通りこれに頼ることはできず、かといって物語性という人間のあり方から脱出できないとすれば、われわれに残された道はただ一つ、「小さな物語」をたえず語り直し続けていくしかないように思われる。

ところが、「大きな物語」に対して、「小さな物語」を物語るという行為の積み重ねを対置すれば、それで話がすむのかといえば、どうやらそれほど簡単ではない。「大きな物語」と「小さな物語」という物語の分け方を、「社会の物語」と「個人の物語」という分け方に重ね合わせると、「大きな物語」が「社会の物語」の側に位置することは明らかだろう。というのは、前にも述べたように、「社会の物語」において、われわれは語り手であるより先にまずは聴き手であり、そして、「聴く」という関わり方から、物語の「垂直的」な次元が顕わになるとともに、物語的に構成されるわれわれの自己が垂直方向に開かれることになるからである。われわれは「横」とつながることで「縦」と切れるのではなく、むしろ「横」とつながるほどに「縦」ともつながるのである。水平方向に開かれる度合いに応じて垂直方向にも開かれるのである。なるほど、こうした「社会の物語」ないし「大きな物語」がこれまでわれわれの生を制限し、抑圧してきたことは否定できない。しかし、われわれの生がその同じ物語に支えられてきたこともまた否定できない。「小さな物語」のたえざる語り直しという戦略が、もし

「横」とも「縦」とも切れた「個人」を主人公とする「自分がたり」に拍車をかけることになるなら、この戦略は、相対主義という難問を不可避的に抱え込み、ニヒリズムをますます昂進させることになるだろう。

もちろん、われわれは相対主義とニヒリズムを克服するために、失墜したはずの「大きな物語」の復権をいまさら唱えようとは思わない。それではまた話は振り出しに戻ってしまう。およそ、ポストモダンの反「物語」であれ、歴史意識の乏しい「物語」讃歌であれ、そこで批判されたり、美化されたりする「物語」の捉え方自体がかなり一面的である。例えば、「物語」批判の文脈では、物語はほとんど「紋切り型」と同義に捉えられており、そのことで、最初から物語は批判すべき対象として設定されている。物語の「空疎さ」を批判するために、あらかじめ物語は紋切り型という「空疎な」概念に仕立て上げられているのである。いずれにせよ、物語のある一面にだけ目を奪われて、二面性ないし二重傾向の内部に踏みとどまれないことが、こうした物語に対する「割り切った」態度をとらせているように思う。

五　教育という「多声的」現実

(1)「支配的物語」の書き直し

さて、われわれは自分の人生や人生上の出来事はもちろんのこと、他者のそれをも一つの物語として理解する。だとすれば、教育者の「子どもの成長」についての理解もまた、「物語的」理解であることを免れないことになる。子どもに教育的に関わろうとする大人は、彼らなりに子どもの「成長の物語」を構想する。そして子どもは、このような教育者の「成長の物語」に合わせて自己を「物語的」に理解するのである。その意味では、教育という物語的交渉は、大人を語り手とする子どもの成長の物語を、子どもが聴くことによって成立しているといってよい。この面を強調すれば、教育とは、大人の「好みの物語」の押しつけであるといっても過言ではなかろう。

しかし、教育という物語的交渉において、物語を語るだけで聴くことのない者と物語を聴くだけで語ることのない者を、教育者と子どものいずれかに割り振ってはならない。そもそも、物語的交渉というものが、語ることのなかで聴き、聴くことのなかで語るという二重化された交渉である限り、子どもは単に聴き手であるのではなく、聴くことのなかですでに語っているはずであり、教育者はこのような子ども自身が語る物語のよき聴き手でなければならない。この面からすれば、教育とは、子どもが自分なりに物語を形成していくことへの援助である。

物語に対して批判的な態度をとる人は、教育が大人の「好みの物語」の押しつけであるという側面に目を奪われて、教育に対しても批判的である。物語が抑圧的であるなら、それを押しつける教育はさらに抑圧的である。「教育病」とも言える神経症は、この二重の抑圧によって、お仕着せの物語を——それがすでにゆきづまっているにもかかわらず——自分から語り直せなくなった状態と言えようか。

そのようなとき、カウンセリングはわれわれに恰好の「解放の物語」を提供してくれる。しかし、カウンセラーの「好みの物語」によって抑圧から解放されたはずの「真の自己」もまた、新たな神経症を病んでいないだろうか。「治った」というのは、実は癒しの物語に「憑かれた」ことではないのか。

いきづまった支配的物語を書き直すためには、それに代わる新しい物語に反応する「聴き手」を必要とする。そのような「聴き手」がいないところで、自分一人で支配的物語を書き直すことは大変難しい。しかし、物語的交渉において、聴き手が語り手に「語らせて」いる、あるいは聴き手もまた語っていることに無自覚であるなら、そのような聴き手の対抗物語もまた、いきづまった支配的物語と同様に、いやそれ以上に巧妙かつ執拗に、われわれの生を硬直化させるだろう。

(2) 物語をめぐる戦い——物語的交渉の分析

子どもの「健やかな成長」を願う大人は、子どもの回りに大勢おり、それぞれの大人が各自の視点から子どもの「成長の物語」を構想している。教育は、そのような複数の大人がそれぞれに描く「成長の物語」と、子どもが自分なりに描く「物語」とのぶつかり合いのなかで展開していく。その際、子どもの教育をめぐって、複数の「物語」がぶつかり合うことが、教育に混乱をもたらしているという面もあるかもしれないが、しかし、もともと教育においては、誰が物語るかによって若干異なる「筋立て」に折り合いがつけられていくことが大事であって、一つの物語だけが「支配的」になることはかえって教育のあり方を歪めることになるのである。

われわれの学問の課題は、教育という「多声的」な現実を、その「多声性」に注意を払いながら読み解いていくことである。子どもを取り巻く大人たちは、それぞれの視点から子どもの教育を筋立てている。このように誰が物語るかによって「筋立て方」の違う物語をすり合わせ、複数の語り手の視点を交錯させることによって、われわれの「教育」理解はより奥行きのあるものになるのである。

誰が物語るかで「筋立て方」が違っているとき、誰の「筋立て方」が正しいのかを問題にするよりも、むしろ、その「筋立て方」の「差異」に注意を払いながら、各自が自分の「筋立て方」を反省していくことが大切であり、逆に、唯一つの「正しい物語」の現実構成力が圧倒的になったとき、教育のあり方は歪められていくことになる。

ここで一つ事例をあげてみよう。

私の二人の息子が、小学校四年生と三年生になったときのことである。ある日職場に妻から電話がかかってきた。下の子（三年生）が手に怪我をした。いまから病院に連れていくという。私が急いで病院に駆けつけると、ちょうど診察を終えたところで、二人は待合室にいた。息子は手に包帯をしていたが、大した怪我ではなかったようである。どうしてこんなことになったのか。怪我をしたいきさつについて尋ねると、息子ではなく妻がしゃべり始めた。それによると、その「事件」は息子がいつものように同級生のT君と一緒に学校から帰る途中に起こった。二人はたまたま帰り道で上級生（四年生）のF君と出くわした。T君がF君に何か言ったところ、F君が急に怒りだしたそうである。そして、息子に飛び掛かってきた。組み倒された息子はほとんど無抵抗であるにもかかわらず、F君に手の甲を踏みつけられたらしい。「上級生なのに、ひどいことをする」と、包帯をした息子の手を見やりながら妻は言った。妻が話している間、息子は一言もしゃべらなかった。

妻の話を聴きながら、どうも私は釈然としないものを感じた。F君といえば上の息子の同級生である。転校してきたばかりのおとなしい子のはずだが。「息子はひょっとしたら加害者なのかもしれない」。私はそう思った。妻は「かわいい息子」の断片的な話をつなぎ合わせて、わが子を被害者とする事件＝物語を筋立てた。しかし、私には、これとはまた別の物語を筋立てることが可能であるように思われた。

その筋立てはこうである。息子とT君が下校途中に転校してきたばかりのF君と出くわした。息子たちは下級生であるにもかかわらず、相手が一人であることをよいことにF君をからかった。転校生なら、この時期誰もが不安を抱えているはずである。新しい学校でこれから自分はどうなるのか。(下級生にまでばかにされるようなみじめな学校生活を送りたくなかったF君は、軽い気持ちでからかった二人がびっくりするような――しかし本人にしてみたら必死の反撃にでたのではないか、と。

私はかつて高校の教師をしていたとき、この手の「事件」に自分の子どもが関わっていたとなると、母親というものは往々にして、「何も悪いことをしていないわが子」の話を鵜呑みにして、わが子を一方的な被害者とする「事件」を筋立てやすく、しかも、この母親が当の子ども以上の被害感情にとらわれると、なかなか冷静に話し合うことが難しくなること、そのような場合はむしろ、父親と話し合ったほうが「話が通じやすい」ということを何度か経験してきた。ちなみに、先の息子の「事件」の場合、妻は学校と連絡をとる直前に、私と話し合うことでわが子を少しだけ突放して見る視点を得ていた。このことは、その後の関係者との話し合いを容易にしたと思う。その夜、T君が両親に付き添われてわが家に謝罪にきた。教師の「取り調べ」によって、この「事件」でT君が果たした中心的な役割が明らかになったのである。新しい「筋立て」のなかで、この「事件」の「主犯格」となり、しょげ返っているT君を、妻は「うちの子も悪いから……。これからも仲良くしてね」と励ましていた。

ここで言いたいことは、母親の筋立てはいつも「主観的」で間違っており、父親の筋立ての方が「客観的」で正しいのだということではない。おそらく、子どもが健やかに育つためには、どんなときでもわが子をかばう母親的な関わり方と、ときには「人様に迷惑をかけているのではないか」と疑う父親的な関わり方の両方が必要なのだろう。子どもと一体化した母親の見方と、わが子であっても突放して見る父親の見方の、どちらの見方が正しいのかを問うてみても仕方があるまい。肝心なのは、二つの見方を交錯させながら、事態をより立体的に捉えることである。

その点で、どうも最近気になるのは、学校における教育「問題」の筋立て方、教育「問題」を語る「語り方」に、ある種のパターン化が認められるということである。そのパターン化とは、教育を最初から抑圧的なものと見なし、学校という巨大な権力機構による「被害者」のスタンスから教育「問題」を語るという、語り方のスタイルが出来上がってしまっていることである。

例えば、いじめにしろ、不登校にしろ、何らかの教育「問題」について語るとき、誰もがこぞって「被害者の視点」から語るために、まるで当の子ども以上の被害感情にとらわれてしまった母親の口吻を思わせるような語り方が優勢となっている。もちろん、「被害者の視点」から語ることが間違っているわけではない。しかし、だからといって、「被害者の物語」の正当化に加担する者の声だけが大きくなるのはまずい。教育という多声的な現実において、一つの声しか聴こえなくなることは教育のあり方を歪めていくことになるからである。

そもそも、被害者は「被害者の物語」のなかで「被害者」になるのであって、最初から被害者なのではない。傷ついた子どもは、大人が描く「被害者の物語」に「憑かれる」ことで、一時的に「救われる」かもしれないが、しかし、長い目でみれば「救われない」だろう。その意味では、「被害者の立場」を代弁する（母親のような）大人が増えることが、本当に子どものためになるのかどうかは疑わしい。いまでは、被害者の母親が「納得できない」ことを、「公」の立場にある者が口にすることは許されなくなっている。誰もが被害者の母親のようなことしか言えない時代。そういう時代に、カウンセリングや心理療法は、いかにも母親が喜びそうな「被害者の物語」のネタを提供し続け、そのことで「時代の学問」になっている。この問題については、また稿を改めて論じてみたい。

注

(1) Ricoeur, Paul, *Temps et recit, III, Le temps raconte*, 1985.（久米 博訳『時間と物語Ⅲ 物語られる時間』新曜社、一九九〇年、四四八頁）。
(2) 坂部 恵「かたりとしじま」『新岩波講座哲学1 いま哲学とは』岩波書店、一九八五年、二三二頁参照。
(3) 小峯和明「名のる語り手――説話の語り」『文学』九(二)、一九九八年、八三―八五頁参照。
(4) 本書第二章、三一頁、第三章、四三頁参照。
(5) Lyotard, Jean-Francois, *La condition postmoderne*, 1979（小林康夫訳『ポスト・モダンの条件――知・社会・言語ゲーム』風の薔薇、一九八六、七頁）。

文献

片桐雅隆 二〇〇〇『自己と「語り」の社会学――構築主義的展開』世界思想社
河合隼雄 一九九三『物語と人間の科学』岩波書店
厚東洋輔 一九九一『社会認識と想像力』ハーベスト社
小峯和明 一九九八「名のる語り手――説話の語り」『文学』九(二)：八三―八五
坂部 恵 一九八五「かたりとしじま」『新岩波講座哲学1 いま哲学とは』岩波書店
坂部 恵 一九九〇『かたり』弘文堂
皇 紀夫 一九九六「人間形成論の方法の問題――臨床教育学との関連で――」岡田渥美編『人間形成論 教育学の再構築のために』玉川大学出版部
土居健郎 一九七七『方法として面接 臨床家のために』医学書院
野家啓一 一九九六『物語の哲学 柳田國男と歴史の発見』岩波書店
蓮實重彦 一九八五『物語批判序説』中央公論社
毛利 猛 一九九六ａ「「物語ること」と人間形成」岡田渥美編『人間形成論 教育学の再構築のために』玉川大学出版部
毛利 猛 一九九六ｂ「教育のナラトロジー」和田修二編『教育的日常の再構築』玉川大学出版部
矢野智司 一九九九「語り直す力は何処からやってくるのか 語りの教育的人間学」『発達』二〇(七九)：五八-六五
やまだようこ編著 二〇〇〇『人生を物語る――生成のライフストーリー』ミネルヴァ書房
Danto, Arthur C. 1965 *Analytical Philosophy of History*. The Cambridge U.P. ＝一九八九 河本英夫訳『物語としての歴史――歴史の分析哲学』国文社
Lyotard, Jean-Francois 1979 *La condition postmoderne*. Paris: Les editions de Minuit＝一九八六 小林康夫訳『ポスト・モダンの

条件――知・社会・言語ゲーム』風の薔薇
Ricoeur, Paul　1985　*Temps et recit, III, Le temps raconte*. Seuil＝一九九〇　久米　博訳『時間と物語Ⅲ　物語られる時間』新曜社

第二章 「物語ること」と人間形成

一 物語とは――「物語る存在」としての人間

人間は「物語ること」への欲望に取り憑かれた動物である。われわれは生きている限り「物語」のなかに深く巻き込まれており、この世の中で「物語ること」なしには何事も経験することはできない。

ここでいう「物語ること」とは、われわれが自己の生を、あるいは世界における一連の経験を、始まり／中間／終わりという時間の流れのなかに筋立てて捉えることである。われわれが世界において意味を探索する企ては、ほとんど不可避的に「物語る」という形をとらざるをえない。物語ることは、われわれが自己の生の歩みを理解し、世界のなかで経験することを理解するための普遍的な形式である。われわれの生や経験についての理解は、「物語る」という行為によって顕在化し、また物語のなかにはすでに一定の理解が保持されている。もしわれわれが何一つ物語りえないとすれば、それは何も理解していないのである。その意味で、われわれは人間の基礎的な「あり方」としての理解と「物語ること」との等根源性を主張することができよう。

人間が「ある」とは「理解しつつある」ことであって、われわれはこの「理解」の背後に遡ること、つまり、何もまだ理解しておらず、そこから初めて理解を作りうる状態に立ち還ってみることはできないように、われわれはつねに「物語りつつあり」、たとえ個々の物語から抜け出ることはできても、「物語る」という生の様式そのものから逃れることはできない。そもそも、われわれが人間として生きることは、「私の人生」という物語を生きること、誕生と死という二つの限界によって区切られた生の歩みに、そのつど全体としての意味を与えながら生きることである。

「物語ること」にとって、始まりと終わりを見定めること、つまり全体を見通すことが不可欠である。ところが、ここに一つの難しい問題が生じる。生が他ならぬ「私の生」である限り、始まり（生誕）と終わり（死）はこの生から除外されているのではないか。われわれはこの世に生を受けた者として、生誕後の自己を見いだす。言い換えれば、われわれは「私の生誕」を経験的に捕捉することはできない。また、われわれは「私の死」をいつかは必ず経験するとはいえ、しかしその死は、そこで一切の経験が不可能になる特別な経験であり、死の捕捉はせいぜい「他人の死」についてなされるのみである。だとすれば、われわれが「私の人生」という物語を生きること、つまり生きながらに生の全体性を手にすることは不可能なのではないか。

この難問を解決するには、生誕によって考えられた「始まり」と死によって考えられた「終わり」をあくまでも実存論的に捉えることが必要である。すなわち、実存論的な死によって考えられた「終わり」とは、われわれ人間が生命から非生命へと転化するという「生命現象の終息」＝死亡ではなく、われわれがその生の只中において、いつもすでに「終わり」（死）へと関わる存在であるということである。同様に、われわれは生後すでにどれほどの齢を重ねていようと、いつもまだ「始まり」（生誕）へと関わる存在」である。つまり、実存論的な生誕と死は、われわれが存在する限りつねに引き受けている存在の仕方なのであり、この世におけるわれわれのあらゆる意味投企は、この有限存在（始まりと終わりへと関わる存在）というあり方によって規定されているのである。

われわれは、生の只中において「始まり」（生誕）と「終わり」（死）を見渡し、経験の「いま」において発端（いままで）と結末（いまから）を見通している。そして、こうした時間的展望のなかで、生と経験の連鎖を

「人生」あるいは「出来事」という有意味な全体にまとめ上げるのである。

「物語ること」にとって、始まりと終わりを画定することは、同時に、その間に筋を立てることに等しい。「筋」は、経験の「いま」において発端（いままで）と結末（いまから）をつなぎ合わせるときに出現するのであるから、〈発端―結末〉という閉域の画定とその間の「筋立て」はつねに同時である。「筋立て」られていない出来事に、われわれは決して近づくことはできない。出来事のなかには、最初から、コト（事）がデキ（出来）てくる時間の秩序が組み込まれている。もちろん、同じ一連の偶然的な生起に対して異なった筋を立てることも可能であるが、その場合、われわれはもはやそれを同じ出来・事とは呼ばないのである。

アリストテレスの有名な考え方によれば、[1]「筋」（ミュートス）は「出来事の組み立て」として、あらゆる物語の根幹をなすものである。このあとわれわれは、出来上がった「作品」としての物語ではなく、物語る以外に存在の仕方をもたないという、人間の存在様式としての物語——「作品」としての物語は、この人間存在の物語性から生み出されたものと考えてよい——を中心に論じていくつもりであるが、いずれにせよ、「筋」が物語成立の本質的な契機であることは間違いなかろう。

「物語ること」において、全体の「まとまり」を見定めることと、そのなかに筋＝「つながり」を見いだすことはつねに同時である。一般に、「意味」というものが、全体における意味としての一つの「まとまり」であり、また、意味連関として一つの「つながり」であることを考えると、意味は、われわれの生や経験が物語へと形作られることに由来する、と言っても間違いではなかろう。われわれが「人生」を物語り、そこで経験する個々の「出来事」を物語るのは、われわれが自己の生と経験に意味を与えたいからであり、もし、人間が生きることが意味を求めることと切り離しえないとすれば、「意味への存在」である人間は、同時にまた「物語る存在」であると規定できるのである。

二　物語のなかの時間

さて、この項では、物語のなかを流れる時間という観点から、人間存在の物語性について考察してみよう。もともと人間の時間体験そのものは、諸々の対立を統合する体験として、われわれの二項対立図式によるあれかこれかの発想に馴染みにくいこともあって、これを直接扱うのは大変難しい。しかし、考えてみれば、人間の時間体験は「物語る」という人間的生の様式と切り離せないはずだから、「物語のなかの時間」を解明することで、間接的に人間の時間構造それ自体に近づくこともできるのである。

では、物語のなかにはどのような時間が流れているのだろうか。物語のなかの時間の流れを考えると、われわれはすぐさま、それがまったく異質の流れの統合であることに気づく。しかも、以下で見るように二つの位相ないし次元において、異質の流れの統合であると言えるのである。

まず第一に、物語のなかの時間は、「始まりから終わりへ」と流れる自然的、因果的時間と、逆に「終わりから」引っ張られる目的論的時間との統合である。物語のなかを流れる時間は、いまかりにそれを直線的な流れでイメージするとしても、その流れの方向は二重方向である。すなわち、一方では、発端から結末へ向かう時間が、物語の表層を流れている。われわれが人生や出来事を物語るとき、そのストーリは過去↓現在↓未来への時間の流れにそって理解されるのが普通である。この流れの方向は、われわれの通俗的な時間意識とも合致しており、人生や出来事のまとめ方にとって、ごく自然な意味方向である。そこで、物語のなかを流れる時間は「始まりから終わりへ」という方向をもつとひとまず言うことができよう。

しかし他方で、物語のなかで回顧的に語られる過去はつねに「解釈学的変形」を被った過去であるから、この点ではむしろ、結末から発端への眼差しこそ物語の成立にとって不可欠であると言える。このような回顧する眼差しのなかで、物語の語り手は過去の一連の生起を「出来事」へと組み立てることができるのである。ここでは、過去から現在を経て未来へと流れていく自然な時間の流れは逆転され、物語の発端はその結末によって規定される。だとすれば、われわれは物語のなかを流れる時間に、先程とは逆の「終わりから始まりへ」という方向も認めないわけにはゆかない。

このように、物語のなかを流れる時間の第一の特質は、それがつねに二方向の流れの交錯である点にある。考えてみれば、そもそも一連の生起のなかに始まりと終わりを見定め、その間を筋立てる作業が、この二方向の流れの交錯を、言い換えれば、発端のなかに結末を読みとり、結末のなかに発端を読みとる「物語的循環」を前提にしているのである。二方向の流れが交錯し、しかも発端と結末が同時であるような時間を視覚的にイメージするならば、それは直線的な流れというより、むしろ「円環する時間」である。

物語のなかの時間は、第二に、水平の時間と水平に対して垂直とでも言うべき時間との統合である。その結果として、ちょうどわれわれの時間の記憶に、とくに印象深く忘れがたい時期とそうでない時期があるように、物語のなかの時間は、極めて濃淡を帯びた時間になる。人生の転機となった重要な出来事について、われわれはこれを繰り返し物語る。繰り返し物語ることによって、やがてそれは神話的、象徴的な意味を帯びたものへと変貌していくが、その時われわれは、水平・均質の時間の流れのなかに、いわば流れない時間、永遠の時間のくさびを打ち込んだのである。物語的時間は、一方ではあらゆる人間的な生の意味を薄めてしまう水平・均質な時間の流れ、いわゆる年代記的な時間系列を下敷きにしながら、他方では日常を超脱する神話的、象徴的な意味に彩られた垂直の時間、一瞬のうちに過去も未来もすべて含みこむ永遠回帰的な時間に連なり、物語が反復されるほどに、深層に潜む後者の時間への傾斜を強めていくのである。

考えてみれば、この世に時間ほど無慈悲なものはない。時間経験とは人間の同一性を脅かす喪失の経験であると言えば言えないこともなかろう。人間は「物語る」ことによって、この無慈悲な時間の流れをせき止め、自己と自己を取り巻く世界の絶えざる変化のなかで、その変化を貫く同一性を確保しようとする。

およそ、「自分が自分である」という自己の同一性は、物の対象的同一性とは違って、そのつど自己の自己自身への「時間的な」関係として成立しているのである。われわれはいつでも「いまの自分である」と言えるから、人生における時間は「いま」を中心に捉えられなければならないが、その「いま」において、われわれは「いままで」を想い起こすとともに、「いまから」に想いを馳せている。つまり、「いま」は決して過去―現在―未来にいう持続の幅をもたない点的な現在ではなく、むしろ「いままで」から「いまから」までの幅をもった時間体験なのである。われわれはそのような厚みのある「いま」のなかで、「いままで」から「いまから」を物語ることで「私は誰？」という問いに答え、自分は自分であるという同一性の感覚を得ることができるのである。

Ｐ・リクールは、このようにして獲得される自己同一性を「物語的自己同一性」と呼んでいる。[(2)] われわれはそのつど自分についての物語を自分に対して語る限りにおいて、「いまの自分である」ことができる。その際、自分の人生物語を物語ることが、いつも寸分違わぬ「同一の物語」を反復することではないとすれば、われわれが自分に対してどういう人生物語を物語るかが、われわれが「いまの自分である」ことにとって決定的に重要な意味をもつのである。

ところで、近年における物語論（ナラトロジー）の興隆を示す動きの一つとして、歴史理論の分野で行われた議論は注目に値する。Ａ・Ｃ・ダントはその『歴史の分析哲学』のなかで、「理想的年代記」という虚構を「物語文」と対比させながら歴史の「物語理論」を提唱している。[(3)]

ダントによれば、「理想的年代記」は、すべての出来事をそれが生起した瞬間に記録する膨大な歴史年表のようなものである。この超人的能力を備えた架空の年代記作者は、しかし、回顧する歴史家の眼差しを欠いているために、複数の出来事を一定の時間的コンテキストのなかに関連づけることができない。つまり、「物語る」ことができないのである。それに対して「物語文」とは、時間を隔てた複数の出来事に関わるものであり、そのつど「よりあと」の出来事に照らして以前の出来事を説明することである。だとすれば、「物語文」においては、終わり（よりあと）が始め（以前）を規定するのであって、それゆえ、過去の出来事の一義的な規定性ということは原理的にありえない。以前の出来事はたえず新しく出現してくる「よりあと」の出来事との関係によって、つねに新たに規定し直されることになるからである。

そして、ダントがこのように歴史の「物語理論」について考察したことは、ほぼそのまま人間の存在様式としての「物語ること」と「物語的自己同一性」にも当てはまるように思う。つまり、われわれの人生や人生上の出来事の一義的な規定性ということはありえず、それはそのつど現在の物語行為に依存しているのである。また、われわれは現在の物語行為において、自分がいったい誰であり、どこから来てどこへ行くのかという同一性に関する問いにそのつど答えを見いだしてゆくのだから、物語的自己同一性とは、決して固定した同一性ではなく、たえず解体され更新され続ける同一性であると言うことができるのである。

三　物語の知と科学の知

次にここで、物語るという知のあり方と科学のそれを簡単に比較してみよう。科学が自分という主体をできるだけ排除するところに成立するのに対して、物語は「私という人間」を排除しない。むしろ主体のコミットがあるから、「筋」が立つのである。個々の生起の間をつなぐ筋立ては、このような主体の関与によって可能になる。

われわれは、われわれの身の回りで起きたことに対して、ある部分を取り上げ他の部分は切り捨てることで、またある側面を強調して他の側面は軽視することで、一貫した筋のある話を物語ろうとする。ところが、このような取捨選択は、物語り手であるわれわれの現下の関心に依存しているから、物語ることにはどうしてもある種の一面化が避けられないことになる。同じようなことが身の回りで起きたとしても、各人はそれぞれのパースペクティブに応じて別様にそれを物語るであろう。少なくとも、その物語には必ず何らかの潤色がほどこされている。その点、坂部恵が言うように、「語る」ことは「騙る」（だます）ことに通じているのである。[4]

また、そのことと関連して、科学の知が論証や様々な実証的手続きによって普遍的な「真理」を確立しようとするのに対して、物語の知は論証にも証拠の提出にも訴えることがない。ただ、物語の知はそれが伝承されることによって、すでにその筋立てと語り口の「適正」を示しているのである。

このように述べると、物語の知はいずれ科学の知によって乗り越えられるべき不完全な知のように思われるかもしれない。しかし実は、そのように考えること自体が、物語の知の価値を科学の知の基準（真偽）から出発して判断するという間違いを犯しているのである。物語は「真」でも「偽」でもない。それどころか、J・F・リオタールが鋭くも指摘しているように、科学の知が物語の知を攻撃することで自らの身分を正統化しようとしても、その正統化を企てる言説自体は、それもまた一つの物語に属しているのである。「科学の知はもう一つの知、つまり科学の知にとっては非知にほかならない物語の知に依拠しない限りは、自らが真なる知であることを知ることも知らせることもできない」(5)。その意味では、われわれは科学の知に対する物語の知の根源性と包括性を主張することもできよう。およそ物語の「知」といっても、それは、われわれがつねに自己の生と世界における経験を何らかの時間的コンテキストのなかで捉えつつ生きているという、われわれの存在様式に属する知である。われわれは純粋な「事実」を同定するためにも、まずは特定の時間的コンテキストのなかで物語らねばならない。最初に事実があって、それを説明すべく物語が構成されるのではない。われわれが構成する物語は、物語られる以前の事実についての派生的・二次的な物語ではなく、何を事実として拾い上げ何を切り捨てるかを決定する原初的・一次的な物語である。

物語るという知のあり方が科学の知と多くの点で対比的であるとすれば、逆に、メタファーとは多くの点で類比的である。物語が「真」でも「偽」でもなかったように、メタファーもその「真偽」を問うことはできない。むしろ、どれほど豊かな視点をもたらし、どれほど事態を明らかにするかという観点から、その「適正」を語ることができるのみである。また、物語ることには誇張や一面化がどうしても避けられなかったように、ある側面に対してわれわれを敏感にするメタファーは、別の側面に対してはわれわれを盲目にする。「人間は狼である」というメタファーが用いられた後では、人間はより狼に似たものに見える。つまり、人間の狂暴さや残忍さがメタファーの使用によってこの上なく強調されるのである。さらに、惰性化した物語と同様の発想の空疎さが、メタファーが惰性化した場合にも見られる。メタファーのもともとの着想のなかにあった詩的な部分が先細りしていくと、メタファーはすぐさま紋切り型の発想に変わってしまう。メタファーは新しい見方を切り開く積極的な面をもっているが、しかし、文字通りの辞書的な意味になってしまった、いわば「死んだメタファー」は、かえって新しい事態からわれわれの目を閉ざすのである。

さて、われわれは物語ることで身の回りに起きたことを理解するにしても、それは単なる知的な理解にとどまらない。物語るという知のあり方は、われわれにもっと全人的なコミットメントを要求する。すなわち、われわれは物語ることで自分の身に降りかかった出来事の結末を「腹におさめよう」「呑み込もう」とするのである。出来事の結末は、その発端の設定からすればどれほど予測しがたいものであっても、受け入れられるものでなければならない。いや、われわれにとって受け入れがたいことを何とか受け入れようとするとき、われわれは繰り返し物語るのだとも言える。物語は、われわれの身の回りで起きた出来事を道徳化、教訓化しようとする抜き差しならぬ欲求から生まれる。物語ることはそれ自体がすでに一つの解釈行為だとすれば、その解釈は出来事についての道徳的、教訓的な解釈である。もっと言えば、物語ることはわれわれ一人ひとりにとっての神話（コスモロジー）を形成することに他ならない。

ところが、もともと物語ることは、物語の語り手から聴き手への伝承行為であるから、出来事の道徳的、教訓的意味は、その出来事を物語ることで、物語の語り手と聴き手の間で共有されることになる。物語は、出来事の道徳的、教訓的意味の共有という形で人と人とを結びつける。共通の物語を語り、共通の物語を聴くことによって、われわれは個人的主体から共同体的主体になるのである。物語ることは一人ひとりにとっての神話を形成することであると同時に、共同体にとっての神話を形成することである。

四　「語り」における主体の二重性

ところが、ここに「語り」の主体——誰が「語る」のかをめぐってややこしい問題が生じる。先に、「語る」ことは「騙る」（だます）ことに通じるということを述べたが、坂部恵によれば、一般に、「誰某をかたる」という表現において、「語り」の主体の二重化の構造を非常に明瞭に見てとることができるが、実は、ここに見られるような主体の二重化は、何ら「かたり」にとって派生的、例外的なものではなく、むしろ「かたり」の主体一般のもつ基本的な二重構造の一つの現れに他ならないという。(6) 坂部恵は、ここからさらに、単に「かたり」の主体の二重性にとどまらず、人間主体一般の二重性につながる問題（ランボーの言う「私は一個の他者である」）にも言及しているが、(7) われわれとしてはここで、「語り」の主体がつねに二重化されていることを確認するにとどめておこう。

そして、この「語り」における主体の二重化の問題と密接に関連しているのが、「物語」の「モノ＋語り」という語の構成において、「モノ」にどういう意味と位置づけを与えるかという問題である。普通に考えれば、モノは単なる接頭語か、せいぜい一般的な語りの対象を指し示す形式名詞ということになるだろう。しかしもっと積極的に、モノに霊魂や鬼物などの霊的存在の意味を認め、したがって「モノ語り」は霊語りだとするなら、ここからさらに、モノ語りはわれわれが「モノを」語ることではなく、「モノが」われわれを通して語る、モノの憑巫の語りであるという解釈を引き出しても、それはあながち突飛な解釈とは言えないであろう。モノ語りを「モノによって引き起こされる語り」とするこの解釈は、中世の軍記物語のような作品やある種の神がかり——たとえば「巫女」とそれに憑いた「モノ」——における「語り」を引き合いに出すまでもなく、われわれ自身が普段何気なく感じていることである。すなわち、われわれが出来事を物語る際に、それは自分が語るのではなく、語らされているのだということを強く感じるときがある。あるいは、われわれが出来事を物語っているのか、それとも出来事が自らを語り、われわれはそれを聴いた者としてその語りを模倣しているにすぎないのか、どちらかと言えば後者のように強く感じるときがある。その面を強調するならば、「語り」の主体は、われわれではなくモノ、あるいは物語そのものであると言うことができるのである。

では、「自分の人生」という物語において、「語り」をめぐるポスト（語り手、聴き手）の割り振りはどうなっているのだろうか。前に物語的自己同一性ということに触れた。「われわれは、そのつど自分自身についての物語を自分に対して語る限りにおいて自分自身である」と言うとき、われわれは実は、「私の人生」の語り手であると同時にその語りかけの対象、つまり聴き手でもあるのである。一方で自分の物語を語りながら、他方で物語自身が語るのを聴いているのである。自己とは絶えざる語りであり、またその語りへの絶えざる聴従である。「私の人生」はそのような「語り手」（語り）と「聴き手」（聴従）との相互作用のなかで共同制作されるのである。

このように人間が物語創作の能動的な主体でありながら、同時に物語の受動的な聴従者であるという二面性のうち、とくに後者の面が強くでる時期が一生には二度あるように思う。すなわち、子どもから大人への移行期とこの世からあの世への旅立ちの時期である。いずれもある種の閉塞感のなかで「飛び越え」を強いられる「危機」の時期であり、「終わり」へと関わることの逼迫の度がいやがうえでも高まる時期であるが、この頃、青年と老人は、何か無性にノスタルジックな気分に駆られながら、どこからか聴こえてくる自分の人生の物語に繰り返し耳を傾けるのである。

五　教育と物語

最後に、教育と人間存在の物語性がどう関わるかについて、これまで論じてきたことを踏まえて述べることとしよう。教育において、大人は大人なりに子どもの「成長の物語」を構想する。しかし同時に子ども自身が語ろうとする物語に耳を傾けなければならない。少し乱暴な言い方をすれば、教育は一面では大人の「好みの物語」の押しつけであり、他面では子どもが自分なりに物語を形成していくことへの援助である。こう言えば、前者の側面への批判を強めていくことが正しい教育に通じており、教育における「物語からの自由」の課題は避けがたいように思われるかもしれないが、しかし、前者の否定面にあまり目を奪われすぎても、われわれの教育と教育における物語の理解は一面的に歪められることになろう。

教育は、大人が構想する「成長の物語」と子どもが自分なりに描く「物語」のぶつかり合いのなかで展開していく。大人が子どもの人生について描く「物語」と子ども自身が描くそれが最初からまったく同じでは教育にならないし、かといって、両者が最後までまったく噛み合わなくても教育にはならない。二人がそれぞれに描く「物語」に若干のずれがあり、双方からそのずれを埋めていく努力がなされるとき、つまり、一方で子どもが大人の構想する物語を積極的に模倣する（聴く）ことでそのずれを埋めていこうとし、他方で大人の構想する物語が物語自身の語ることの積極的な模倣（聴従）となっているとき、教育は最もうまくいくであろう。

教育とカウンセリングの物語への関わり合いを比較した場合、後者においては圧倒的に、援助者が自分の構想する物語の押しつけを控え、逆に援助を必要とする者の物語を尊重する度合いが高くなるはずである。援助者が物語の語り手で、援助を必要とする者が聴き役に回るのか、あるいは、援助者が聴き役に徹して、被援助者が物語の語り手となるのか、この両極の間で、教育とカウンセリングの比重のかけ方は相当違うであろう。しかし、教育にしろカウンセリングにしろ、語るだけで聴くことのない人と聴くだけで語ることのない人を援助者と被援助者のいずれかに割り振るという極端な立場を、実際にはとりえないことは間違いない。カウンセリングにおいて、確かにカウンセラーはまずもって聴き役に回るとしても、彼が何らかの「見立て」をもたないことはありえないはずである。「見立て」を立てることによって、カウンセラーはクライエント自身の人生の物語の語り直しに先立ってすでにクライエントの新しい人生物語を語っているのである。物語を語ることと聴くことは一見相反するように見えつつ、実は、聴かれうるためには語られなければならず、また、語られうるためには聴かれなければならないという、互いに一方が他方を前提し合う関係にあるのである。教育者が本当に子どものために物語を語りうるためには、彼は物語自身が語るのを聴ける人でなければならない。でなければ、彼は自分の勝手な物語を子どもに一方的に押しつけただけになろう。

さて、先に大人の「好みの物語」の押しつけという側面にあまり目を奪われすぎても、われわれの教育と教育における物語の理解は歪められるであろうと述べた。その点、「物語」批判の文脈で紋切り型として語られるような「物語」概念は、教育の世界にそのままもち込むにはやや狭隘であると思う。確かに、物語にはわれわれの生を馴致化する側面もある。筋立ては大抵どこかからの借り物である。しかし、物語の外には出られない人間が、では、物語創作の完全に自主的な主体になりうるかといえば、そのように信じることこそ現代人に「好みの物語」にすぎないであろう。教育は、物語ることの二面性のなかにどこまでも持ちこたえられなければならない。

注

(1) Aristoteles, *Poetique.*（今道友信訳「詩学」『アリストテレス全集17』岩波書店、一九七二年、三〇頁）。
(2) Ricoeur, P., *Temps et recit, III,* 1985.（久米 博訳『時間と物語Ⅲ』新曜社、一九八〇年、四四八頁）。
(3) Danto, A.C., *Narration and Knowledge,* 1985.（河本英夫訳『物語としての歴史』国文社、一九八九年、一七四頁以下）。
(4) 坂部 恵『かたり』弘文堂、一九九〇年、四五頁。
(5) Lyotard, J.F., *La condition postmoderne,* 1979.（小林康雄訳『ポスト・モダンの条件』風の薔薇、一九八六年、七七頁）。
(6) 坂部 恵「かたりとしじま」『新岩波講座哲学1 いま哲学とは』岩波書店、一九八五年、二三二頁、参照。
(7) 坂部 恵『かたり』弘文堂、一九九〇年、四七頁、参照。

第三章　教育のナラトロジー

一　物語の現象学の可能性

人間と「物語」との関わりは幾重にもおよび、それに応じて「物語」の意味レベルも多重である。物語は、一方では人間が生み出した様々な作品の構造のなかに存在するが、他方では人間の存在機構そのものに属している。後者の意味レベルでは、人間が「ある」とはつねに「物語りつつある」ことであって、人間は物語るという以外に存在の仕方をもたないとさえ言える。前者の作品としての物語も、このような人間の在り方（人間存在の物語性）から生み出されたものである。本節は、人間存在の物語性についての、そしてこの物語性と教育の関わりについての現象学的な考察である。

ところで、もともと記号学的な志向をもつナラトロジー（物語論）という言葉を表題に掲げながら、どうして「現象学的な」考察なのか。それは、T・トドロフ（Tzvetan Todorov）の提唱した物語論によって、特定の時代の文学作品とその様式からより一般的な「筋」によってまとめられる言説へと拡大された物語を、現象学はさらに包括的な地盤において問題にしうる地平を切り拓くと考えられるからである。ちょうど、もともと「原典解釈の技術」から出発し、人間の生を解釈すべき「原典」とすることで精神科学の方法にまで拡大した解釈学が、さらに現象学と結びつくことによって、「理解しつつある生」の根源的遂行へと発展したように。とはいえ、このようないわば物語論の現象学的展開は、いかにも安易でしかも突飛な思いつきのようにうつるかもしれない。しかし、実はわれわれは、すでにM・ハイデッガー（Martin Heidegger）とM・メルロ＝ポンティ（Maurice Merleau-Ponty）の主著のうちに、人間の存在様式のうちに「物語ること」がいかに深く根をおろしているかについての先駆的な考察を見いだすことができるのである。

(1) ハイデッガー

ハイデッガーは『存在と時間』の第三四節で、われわれの世界経験の分節の仕方が根源的な言語性――彼はそれを「語り」（Rede）と呼ぶ――によって担われるものであることを印象深く説明している。ハイデッガーによれば、「語り」は言語（Sprache）の実存論的な基礎として、「気分」および「理解」と根元を等しくする「現存在の開示性」である。もっとも、「語り」が気分や理解と等根源的であるといっても、何か第三のものとして分節のはたらきを担うのではなく、ちょうど理解がつねに「気分づけられた理解」であるように、それはすでに気分と理解のうちではたらいているのである。では、この分節のはたらきを担う「語り」は、正確には何を分節するのか。それについてハイデッガーは、「理解可能性（Verständlichkeit）は、我がものにさせる解釈に先立って、いちはやくつねにすでに分節されている。語りとは理解可能性の文節化である」[1]と言い、さらにその「理解可能性」が分節されたものについて、先の引用の少し後で、「語りつつ分節することのうちで分節されたものそのものを、われわれは意義全体（Bedeutungsganzes）と名づける」[2]と述べている。われわれはこの辺りの細かい議論に深入りすることはできないが、ここではただ次の二つの点を確認しておこう。まず第一に、「語り」はわれわれが世界の内にあるその「在り方」であり、気分や理解と同様に現存在にとって構成的であるということ。そして第二に、「語ること」と意味の生成がつねに同時的であるということである。われわれは有意義なものを「語る」のであり、また逆に、「語る」という仕方で理解（分節）可能なものを意義づけるのである。

ハイデッガーの『存在と時間』を「物語の現象学」の先駆的な業績として読もうとするとき、われわれはさらに第二篇第五章で展開された「現存在の歴史性」に関する考察も見落とすわけにはいかない。ハイデッガーは「歴史性」の問題を、現存在の全体性、すなわち「誕生と死との間の現存在の伸び拡がり（Erstreckung）」との関連から取り上げる。もちろん、ここで誕生および死があくまで実存論的に捉えられていることは言うまでもない。実存論的な誕生および死は、「もはや過ぎ去った」あるいは「いまだ来着しない」ある時間点における事物的な体験ではなく、現存在がその生の只中において、いつでも「始まり（生誕）へと関わる存在」であり、また「終わり（死）へと関わる存在」であるということである。始まりと終わりの「間」にあって、しかもこの始まりと終わりをいわば「同時に」生きているという、現存在に特有の「時間的な伸び拡がり」の動性を、ハイデッガーは「現存在の生起」（Geschehen）と名づける。歴史（Geschichte）、歴史性（Geschichtlichkeit）という言葉は、もともと「生起」の語に由来する。それで、この生起の構造およびこの構造の可能性の条件を明らかにすることが、実はそのまま「現存在の歴史性」の解明に通じているのである。

「現存在の歴史性」の問題については、第二節でわれわれの観点からやや詳しく論じるつもりなので、ここでは次の二つの点だけを確認して、ハイデッガーの議論をこれ以上追うのはやめておこう。すなわち、現存在はその生の只中において「始まり」（生誕）と「終わり」（死）を見通すという仕方で、あらゆる瞬間に全体的であるということ、そして、現存在が「在る」ということも、このような時間的な見通しのなかで生起する一つの出来事であるということである。

ただ一つ、ハイデッガーに関して非常に残念に思われるのは、第一篇の現存在の分析論において取り上げられた「語り」の問題が、その開示性としての位置づけに曖昧さを残したまま、結局、第二篇第五章の「現存在の歴史性」の考察にほとんど組み入れられていない点である。われわれが本節の二以下で試みるのは、ある意味で、ハイデッガーによって別個になされた「語り」と「現存在の歴史性」の考察を結合する試みであると言えなくもないのである。

例解釈は、「物語」がいかに人間の実存的基盤に根ざすものであるかを明瞭に示している。[3]

(2) メルロ＝ポンティ

メルロ＝ポンティの『知覚の現象学』をナラトロジーへの寄与という観点から読もうとするとき、われわれは一方では、そこで展開された言語や時間性についての考察から人間存在の物語性への示唆を引き出すこともできるが、他方では、ある症例についての現象学的解釈のなかに「物語」への直接的な言及を見いだすこともできる。ここでは後者にまとを絞って論じてみよう。『知覚の現象学』第一部Ⅲでなされた精神盲患者シュナイダーの症例解釈は、「物語」がいかに人間の実存的基盤に根ざすものであるかを明瞭に示している。

砲弾の破片によって後頭葉――通常「視覚領」と呼ばれる部位――に戦傷を受けたシュナイダーは、具体的な状況で生活の必要に促されて行なう具体的な運動はできるが、生活的な意味をもたない抽象的な運動がうまくできない。また、指さすこと（Zeigen）と摑むこと（Greifen）との間に大きな隔たりがあって、例えば鼻を指させと言われてもできないのに、それを摑むことならできる。メルロ＝ポンティは、こうした障害の「原因」を経験主義者のように機能局在論の立場から因果的に説明することの誤りを慎重に明らかにしつつ、他方で、この障害を「理由」に、シュナイダーに欠けているのが「カテゴリー的態度」や「シンボル意識」だとする主知主義的な解釈をも退ける。シュナイダーの基礎的障害は、いわゆる「知性」の障害ではなく、むしろその実存的基盤、「世界への関わり方」の障害である。知性そのものより以上に、その基盤が冒されたために、知性が役に立たなくなっているのである。例えば、シュナイダーは「光にとっての目は音にとっての耳に等しい」といったアナロジーや、「椅子の足」とか「釘の頭」といった隠喩をうまく理解できない。彼はそれを理解するのに、それに一々精密な概念的な分析を施し、その関係を顕在化させねばならない。シュナイダーがアナロジーや隠喩を一気に理解することができず、つねに概念的な包摂関係によってしか理解できないことは、彼が知性を失っているどころか、むしろ知性主義者そのものであることを示している。メルロ＝ポンティはシュナイダーの病変の本質を、世界への志向性の「緩み」として解釈する。正常者が世界に「向かっていく」ことで、世界に意味をもたらすと同時に世界から意味を受けとるのだとすれば、世界へと向かう志向性の緩んだシュナイダーにとっては、「全体として、世界はもはや彼にどのような意味も暗示せず、逆に言って、彼がもくろむ意味作用は、与えられた世界のなかにもはや受肉しなくなる。一言で言えば、世界は彼にとって、もはや表情をもたないのだと言えよう」[(4)]。

われわれの関心からとくに興味深いのは、シュナイダーが通常の仕方ではデッサンをすることができず、また物語を聴くことも語ることもできないことである。彼はモデルを見て描くことができない。まず手で対象を触ってみて、発見した特性を言葉で定式化し、そして最後にモデルを見ないで、その定式に照合して図形を描くのである。描こうとする対象が「表情」をもたないとき、つまり描き手に向かって何も「語りかけて」こないとき、デッサンという世界の「象《かたど》り」の作業は、信じがたいほどの困難を極めることになる。さて、デッサンが世界の空間的な「象《かたど》り」だとすれば、物語はさしずめ時間的な「象《かたど》り」であると言ってよかろう。シュナイダーは物語を聴かされても、それを一つ一つ記録されるべき事実の断片の連続体として捉えるのみで、物語に固有の「流れ」というものを理解できない。ただ、少し話しては休み、いま話したくだりを一言で要約してみせるということを繰り返す場合にのみ、かろうじて話の筋を追うことができるのである。このように物語を聴くことが困難なら、シュナイダーが物語を語ることはなおさら困難である。彼は自分が語ろうとする話のどこにもアクセントを置かず、また潜在的な可能性の企投によって話を進行させることもできない。志向性が著しく緩んだ彼にとって、自らの企投によって発端のなかに「同時に」結末を読みとり、その間を筋立てることは極めて難しいことなのである。

われわれが当たり前のように物語を聴いたり語ったりできるのは、普段はわれわれに蔽われたままになっている基礎的なはたらき、世界へと向かう志向性のおかげである。メルロ＝ポンティはここで、志向性の上に成り立つ一つの知的能力としての物語を聴いたり語ったりすることを論じながら、同時に、このような知的な能力の基盤にある、われわれの世界経験の時間的なまとめ方そのもの、われわれが世界へと向かう、その向かい方の枠組みとしての「物語」を問題にしているように思われる。「物語」はわれわれが世界を経験する枠組みである。

二　人生という物語

(1) 時間と自己

われわれが世界のなかで経験する出来事はすべて、それが「有意味な」出来事である限り、始まりと終わりに挟まれた「あいだ」に生起する。そもそも、われわれが人間として生きることは、誕生と死という二つの限界によって区切られた生の歩みに、そのつど全体としての意味を与えながら生きること、つまり「私の人生」という物語を生きることである。いま試みに、「私の人生」という物語を一冊の歴史のテキストにたとえて、それを通俗的な歴史のテキストと比較してみよう。実存論的なテキストは、どのページも現在であり、そのどの現在にも、私の誕生以来の歴史（物語）が書き記されている。それに対して、通俗的な歴史書の現在は、一番最後のページであり、一ページ目からそこに至るまでが過去なのである。

このように誕生以来の歴史（物語）を一ページ毎に書き改めつつあるという意味では、われわれが「自分である」ということは、そのつど新たに「自分になる」ことである。しかし、どのページも誕生以来の歴史の積み重ねを内容とするという意味では、「自分である」ことは、いつでも「自分であった」ことによる裏づけを必要とするのである。

われわれはいついかなる時でも「自分自身である」。しかし、「自分が自分である」という一見自明のことを成立可能にしているのは、可能的自己への到来が同時に既往的自己への帰来であるという、自己の自己自身への「時間的な」関係である。そして、「自分が自分である」という自己の自己性が、このような実存論的な時間への関わりにおいて成立するのだとすれば、そのつど新たに「自分になる」という側面と、いつでも「自分であった」ことによる裏づけを必要とするという側面との間の著しい不均衡は、われわれが「自分である」そのあり方に、またわれわれの「人生物語」のあり様に不自然な偏りないし病的発現をもたらすはずである。

「自分であった」という既在性を「自分が自分である」ことの圧倒的な根拠にしている「うつ病」親和的な人々にとって、「自分になる」は「自分であった」のつつがない延長でしかない。彼の人生物語は、いつも寸分も違わぬ「同一の物語」の反復として、「いままでどおり」という確実性のもとに語られる。しかし、いったん「うつ病」が発病して、彼の自己性をしっかり支えていたはずの既在性が、巨大な「負い目状況」（テレンバッハ）となってのしかかるや、彼は過去を「取り返しがつかないことになった」という後悔のなかで反芻するばかりで、すでにいきづまったはずの「同一の物語」を書き直すことができないのである。

逆に、既在性を自己実現の「支える根拠」として引き受けることの困難な「分裂病」親和的な人々にとって、「自分になる」は「自分であった」の裏づけを欠いた「無謀な理想形成」（ビンスワンガー）とならざるをえない。分裂病の発病状況は、彼の存在の残された根拠である未来への先走りが、自己ならざるものへの到来としてもはや自己自身へと帰来せず、したがって自己の自己性の成立が脅かされる事態、言い換えれば、物語を書き直し続けることが、「私の」物語の反復とはならず、したがって人生という物語自体の成立が脅かされる深刻な事態である。

(2) 物語的自己同一性

「現存在の歴史性」すなわち「現存在は歴史的に存在する」とは、彼がいつでも「始まり」（誕生）と「終わり」（死）、発端（いままで）と結末（いまから）の間の「時間的な伸び拡がり」を生きているということである。われわれはこのような「時間的な伸び拡がり」のなかで、誕生から死、「いままで」から「いまから」までを物語ることで、自分がいったい「誰」であり、どこから来てどこへ行くのかという同一性に関する問いに答えを見いだすことができるのである。

P・リクール（Paul Ricoeur）は、このようにして獲得される自己同一性を「物語的自己同一性」と呼んでいる。われわれは自分についての物語を自分に対して物語ることで、「自分が自分である」ことを確認しつつ生きている。しかも、リクールによれば、この考え方は個人の自己同一性だけではなく、民族などの共同体の同一性についても当てはまる。つまり、民族はその歴史共同体の物語を物語ることによって民族としての自己同一性を確立するのである。リクールは、ユダヤ民族の歴史を取り上げて、このことを非常に印象深く説明している。「どんな民族もこれほどまでに、自分が自分自身について語る物語によってひたすら熱狂したことはない……。聖書のイスラエルが、その名をもつ歴史共同体となったのは、自分たちの歴史の創始的な出来事の証人とみなされる物語を物語ることによってであると、十分な正当性をもって言うことができる。……ユダヤ民族と名のる歴史共同体はその自己同一性を、その共同体がうみだしたテキストの受容そのものから引き出したのである」[5]。

われわれは自分についての物語を自分に対して語り続ける限りにおいて「自分自身である」ことができる。先に、「有意味な」出来事はいつも始まりと終わりの「あいだ」に生起すると述べたが、考えてみれば、「自分が自分である」ということも一つの出来事である。われわれが「自分自身である」そのあり方は、われわれが始まりと終わりの「あいだ」をどう筋立てるかによって、つまりどういう人生物語を物語るかによってそのつど違ってくるであろう。

われわれの物語的自己同一性は、事物的に存在するものの対象的同一性とは違って、われわれが自分の人生物語を語り続ける、その一瞬一瞬の物語行為において、たえず解体され更新され続ける同一性である。この点についてリクールは、「物語的自己同一性は、安定した、首尾一貫した同一性ではない。同じ偶然的出来事についていくつかの筋を創作することが可能なように（その場合、それは同じ出来事と呼ぶにはもはや値しない）、自分の人生についてもいろいろ違った、あまつさえ対立する筋を織りあげることも可能なのである。……物語的自己同一性はたえずつくられたりこわされたりし続ける」[6]と述べている。

(3) 物語るのは〈誰か〉

ところで、「われわれは自分についての物語を自分に対して語り続ける限りにおいて〈自分自身である〉ことができる」という言い方のなかには、われわれが自分の人生物語の語り手であると同時にその語りかけの対象、つまり聴き手でもあるということが含意されている。では、語り手であると同時に聴き手でもあるということを、いったいどう考えたらよいのだろうか。われわれはここで、「語り」の主体――誰が「語る」のかをめぐるややこしい問題に突き当たるのである。

そして、この「語り」の主体――誰が「語る」のかをめぐる問題と密接に関連しているのが、「物語」の「モノ＋語り」という語の構成において、「モノ」にどういう意味と位置づけを与えるかという問題である。普通に考えれば、モノは単なる接頭語か、あるいはせいぜい一般的な語りの対象を指し示す形式名詞ということになるだろう。しかしもっと積極的に、モノに霊魂や鬼物などの霊的存在の意義を認め、したがって「モノ語り」は霊語りだとするなら、ここからさらに、モノ語りはわれわれが「モノを」語ることであると同時に、「モノが」われわれを通して語る、モノの憑巫の語りであるという解釈を引き出しても、それはあながち突飛な解釈とは言えないであろう。ここで思い出すのは、詩人は詩歌女神（ムーサ）に取り憑かれ、その霊感を受けてこそ美しい詩をつくるのだとする、プラトンの「芸術模倣説」である。[7] しかし、何もプラトンを引き合いに出すまでもなく、モノ語りを「モノによって引き起こされる語り」とする解釈の正しさは、われわれが普段から何気なく感じていることではなかろうか。すなわち、何らかの出来事を物語る際に、それは自分が語るのではなく、語らされているのだと強く感じるときがある。その場合、「語り」の主体は、われわれではなくモノ、あるいは物語そのものであると言うことができるのである。

われわれは一方では自分の物語を語りながら、他方では物語自身が語るのを聴いているのである。そして、物語自身が語るのを聴くということが、自分の物語を語ることに影響を与える。ちょうど、文芸理論の分野で、テキストを「読む」という行為がテキストの意味を生成させるものとして重視されてきたように、人生物語の制作にとって、自分の物語を「聴く」ということが果たす役割がもっと重視されるべきであろう。われわれが自分の物語を語るのは、物語自身が語るのを聴いた者として、その語りを模倣しているにすぎないのかもしれない。われわれがどういう人生物語を物語るかは、結局、われわれがどういう人生物語に耳を傾けているかに依存しているのである。

ある出来事を物語ることは、その出来事が自ら語るのを聴くことである。出来事が自ら語ることに耳を傾けることは、その出来事を物語ることである。われわれは語ることのなかで聴いているし、聴くことのなかで語っている。このように、語ることと聴くことは互いに他を内包し合う関係にあり、両者の区分は絶対的なものではない。「私の人生」という物語は、そのような語ることと聴くことの相互作用（対話）のなかで制作されるのである。

三　物語ることと教育

(1) 物語ることの二面性

われわれが世界のなかで経験した出来事を語ろうとするとき、その語りは、それがどのようにして起こり、どういう経過をたどって、どのような結末を迎えたのかという形態をとるものである。物語ることによって、われわれは世界のなかで経験した出来事を理解する。物語ることは、われわれの世界経験の時間的な組織化であるが、ある物語のもとに経験を組織化する（筋立てる）ことは、つねに別様の組織化の可能性を締め出すことで達成される。しかも、筋立ては大抵どこかからの借り物なのだから、この面を強調すれば、物語ることは、われわれに豊かな世界経験の可能性を「隠蔽」することだと言えよう。物語は世界を隠蔽する。これは紛れもない事実であって、われわれはこの事実を引き受けながら、なおかつ物語り続けるしかない。ところが、まさに物語り続けるしかなく、物語ることから逃れられないということのなかに、物語ることが隠蔽することであると同時に開示することであるというもう一つの性格が示されているのである。物語ることは切れ目のない語り直しである。それはわれわれの世界経験に完結をもたらすと同時にそのような完結をたえず破ろうとする。物語ることは、すでに確定した経験について報告することではなく、経験を理解するために経験をつくり直すような行為である。そういう意味で、物語続けるしかなく、物語ることから逃れられないということは、単なるわれわれの制約条件ではなく、むしろたえざる世界「開示」の条件なのである。

このように物語の本質的な特徴の一つは、それが「隠蔽すること」と「開示すること」の両面を併せもつ点にある。物語は一面からすれば、始まりと終わりを同時に読み取り、その間を筋立てることで、われわれの世界経験を時間的にまとめ上げる、一つの「閉じた」解釈図式である。その「閉ざされた」性格は、筋立てがなかば惰性化したときに最も際立つことになろう。ところが、それは他面では、われわれの経験のつねに「開いた」解釈行為である。物語られるという仕方で想起された経験の究極の意義を確定することはできない。物語られた経験は、つねに将来の物語り行為によって語り直される余地を残しているのである。

物語に対する態度が論者によってまったく異なるということも、このような物語ることの二面性から理解できる。物語に対して批判的な態度をとる者は、物語の隠蔽性や抑圧性、とりわけ標準化された物語がわれわれに紋切り型の経験解釈を強要することからくる隠蔽性や抑圧性により多く目を奪われている。逆に、物語に対して肯定的な態度をとる者は、物語の「開かれた」性格、人生物語の改変可能性の方に注目している。さらに物語の「復権」を唱える人たちは、物語ることが経験の「道徳的」意味の共有という形で社会に統合をもたらすことを積極的に評価しているのである。

物語ることの二面性ないし二重傾向は、「物語性がある」とか「物語性がない」とか言う場合の、われわれの「物語」理解のなかにも入り込んでいる。「物語性がある」ということは、一方では、全体をまとめ上げる筋立てがはっきりしていることを意味するが、しかし、あまりに筋立てがはっきりしていると、話の全体が平板になってかえって「物語性がない」ことになる。アリストテレスは、すぐれた物語はペリペテイア（筋の急変）を含むものであることを強調している。(8) 思いがけない展開のなかに新鮮な驚きを感じるのでなければ、われわれは話を読み（聴き）続けることはできない。「物語性がある」ということは、単に話に一貫性がある、筋が通っているということだけでなく、同時に話に展開性がある、読者（聴き手）の安直な予期を裏切るペリペテイアが含まれていることを意味するのである。

(2) 教育と物語／反教育と反物語

さて、人間がそれなしにはすませることのできない物語性、すなわち人間の存在様式としての物語性に話を戻して、それと教育との関わりについて最後に考察してみよう。

われわれは自分の人生や人生上の出来事はもちろんのこと、他者のそれをも一つの物語として理解する。だとすれば、教育者の「子ども理解」もまた「物語的理解」であることを免れないことになる。子どもに教育的に関わろうとする大人は、彼らなりに子どもの「成長の物語」を構想する。そして子どもたちは、このような教育者の「成長の物語」に合わせて自己を「物語的に」理解するのである。子どもの「自己理解」が本質的に大人の物語的な「子ども理解」に依存しているという意味では、教育とは一面、大人の「好みの物語」の押しつけであるといっても過言ではなかろう。とはいえ、教育者と子どもの交渉が「物語的交渉」である限り、物語を語るだけで聴くことのない者と物語を聴くだけで語ることのない者を、教育者と子どものいずれかに割り振ることはできない。つまり、子どもは自分からも物語を語ろうとしているのであり、教育者はこのような子ども自身が語ろうとする物語に耳を傾けなければならない。この面からすれば、教育とは、子どもが自分なりに物語を形成していくことへの援助である。

教育は、大人が構想する「成長の物語」と子ども自身が描こうとする「物語」のぶつかり合いのなかで展開していく。いや正確には、子どもの成長に関心をもつ大人は、子どもの回りに複数いるのだから、複数の大人の「成長の物語」と子どもの「物語」とのぶつかり合いのなかで展開していくのだと言えよう。そのことを、最近私は、ある学会発表[(9)]で映されたＶＴＲを観ながら痛感させられた。そのＶＴＲは、ある幼稚園の年長組にこの四月から入学したＡ君が、すでに年中のときからこの幼稚園に通っている四人の男児のグループに近づくが、なかなか仲間に入れてもらえず、新参者として古参のメンバーによって執拗なまでにのけ者扱いにされる様子を映し出していた。実は、この春に引越しをし、それにともない二人の息子（年中児と年長児）を転園させていた私は、不覚（？）にも、A君に二人の自分の息子の姿をだぶらせ、VTRの映し出す物語のなかで、まるでA君の父親のように「感じはじめていた」。園でVTRを撮り、また学会当日その映像をわれわれに解説してくれた優秀な若手研究者が、比較的長い時間的文脈のなかで「仲間入りのプロセスにおける試練」としてA君の物語を筋立てていたのに対し、父親になりきっていた私は、もっと短いスパンのなかで物語を筋立てていた。すなわち、父親の目には、自分の息子が「仲間外れ」にされている場面が延々と続いているとしか見えなかったのである。ところがさらに興味深いことに、そのVTRを後で観た保育者は、撮影当時の保育活動のなかで、自分はA君の物語を「仲間入りのプロセス」でも「仲間外れのプロセス」でもなく、むしろ「仲間くずしのプロセス」として筋立てていたことを振り返るのである。比較的長いスパンのなかで物語の終わりを読み取った若手研究者と、もっと短い時間的展望のなかで物語を筋立てた父親、そしてA君の参入がそれまでの安定した仲間関係に投じた波紋にアクセントを置いて物語を筋立てた保育者、三者三様の物語の筋立てのうち、ここでどれが正しいのかを問題にしたいのではない。類型化すれば、それらはそれぞれ「オジ的存在」「親」「教師」を物語り手とする三つの典型的な筋立てと言えなくもないが、ここで確認しておきたいのは、そのように誰が物語るかで若干ずれており、時には互いにぶつかり合うこともある複数の「物語」が、子ども自身の「物語形成」に影響を与えているということである。

しかし、このような「ずれ」は、何も子どもをとりまく複数の大人の「物語」の間に見られるだけではない。大人たちが描く「成長の物語」と子どもが自分なりに描く「物語」の間にも、やはりずれが認められるのである。そもそも、大人が子どもの人生について描く「物語」と子ども自身が描くそれが最初からまったく同じでは教育にならないし、かといって、両者が最後までまったく噛み合わなくても教育にはならない。大人と子どもがそれぞれに描く「物語」に若干のずれがあり、双方からそのずれを埋めていく努力がなされるとき、つまり、一方で子どもが大人の構想する物語を積極的に模倣する（聴く）ことでそのずれを埋めていこうとし、他方で大人の構想する物語が物語自身の語ることの積極的な模倣（聴従）となっているとき、そこに教育という物語的交渉が成立するのである。

われわれは先に、物語を語るだけで聴くことのない者と物語を聴くだけで語ることのない者を、教育者と子どものいずれかに割り振ることはできない、と述べた。「語り役」だけに徹する者とか「聴き役」だけに徹する者という想定自体がかなり一面的である。このような極端な割り振りは、もしそれが実際に実現すれば、例えば心配性の親の「仲間外れ」という物語的理解に過剰に反応して登園できなくなる子どものように、相当病理的な形で現われるであろう。

文芸評論家がつとに指摘するような物語の隠蔽性、抑圧性は、同時にまた教育のもつ一面である。ラディカルな「物語」批判は、そのままラディカルな――それだけにまた一面的な――「教育」批判に通じるであろう。物語ることが、われわれの経験を社会的に承認された意味の枠組みへと閉じ込めることであり、空疎な紋切り型への転落であるとすれば、そのような物語への批判はそのまま教育にも当てはまる。しかし、「物語」批判の文脈で紋切り型として語られるような「物語」概念は、教育の世界にそのまままち込むにはあまりにも狭くて一面的であるし、そのような「物語」概念とともに批判的に語られる「教育」概念もまた狭くて一面的であることを避けられないであろう。われわれは物語ることの二面性の内部に踏みとどまることによって、同時に教育の二面性の内部にどこまでも踏みとどまろうと思う。

注

(1) ハイデガー（原佑・渡辺二郎訳）『存在と時間』中央公論社、一九八〇年、二八八―二八九頁。
(2) 同前、二八九頁。
(3) 物語の現象学的分析として『知覚の現象学』におけるシュナイダーの症例解釈を最初に取り上げたのは、貫成人氏である。『情況』一九九二年九月号別冊、七一頁参照。

(4) M・メルロー＝ポンティ（竹内芳郎・小木貞孝訳）『知覚の現象学Ⅰ』みすず書房、一九六七年、二二三頁。
(5) ポール・リクール（久米博訳）『時間と物語Ⅲ』新曜社、一九九〇年、四五〇―四五一頁。
(6) 同前、四五二頁。
(7) プラトン（広川洋一訳）『イオン』、『プラトン著作集4』勁草書房、一九七九年所収、一七四頁参照。
(8) アリストテレス（今道友信訳）『詩学』、『アリストテレス全集17』岩波書店、一九七二年所収、四一―四三頁参照。
(9) 日本教育学会第五四回大会（於東京都立大学）における自由研究「保育を物語として捉える事例研究」（発表者：大豆生田啓友、渡辺英則）。

第四章　教育の語られ方と「公／私」問題

一　「公／私」問題へのナラティヴ・アプローチ

(1) ナラティヴ・アプローチとは

教育は、その媒介的で両義的な性格のために、つねに「公的なもの」と「私的なもの」とのはざまに立ち、「公共化」と「私事化」をめぐるせめぎ合いの只中に置かれている。本稿は、「公／私」問題がとくに教育において先鋭化せざるをえない理由を、学校という場所と教師という存在の媒介性、両義性と関連させながら原理的に説明したうえで、教育における「公／私」問題の構図に近年どのような布置転換が起こったのかについて、物語論的な考察を加えるものである。

ここで、物語論の立場について簡単に説明しておこう。物語論（ナラトロジー）は、もともと記号学的な志向をもつ文芸批評の分野で展開された「物語テキストに関する理論」であったが、いまでは、「物語」を重要な視点ないしメタファーとする学問の立場（ナラティヴ・アプローチ）を総称していると考えてよい。このような物語論の展開にともなって、「物語」の概念も、出来上がった作品としての物語から、「物語る」という以外に存在の仕方をもたない人間のあり方を言い当てるものへと拡大していった。

それでは、「物語る存在」としての人間に定位し、「物語」という視点から教育を捉えることは、どのような教育研究のパラダイムを切り拓くことになるのだろうか。われわれは、「筋立て」を通して現実と向かい合う。教育という現実も、それが物語ることによって構成されたものである限り、それを実体化して捉えることはできない。ナラティヴ・アプローチは、実証主義的なパラダイムの一元支配に反対し、教育が語られる文脈とその「語り口」への関心を高めるのである。

このようなアプローチは、教育における「公／私」問題を扱おうとするわれわれにとって、とくに有効であると思われる。われわれは本稿において、近年、教育がどのような文脈で語られるようになり、どのような「語り口」で語られるようになったかという、教育が語られる文脈とその「語られ方」の変化に着目して、教育における「公／私」問題の構図に起こった布置転換を明らかにしていくつもりである。

しかし、その前にまずは、そもそも「公的なもの」と「私的なもの」との関係は一般にどのようなものとして理解されるのか。この点について少し論じておかなければならない。

(2)「公的なもの」と「私的なもの」

H・アレントの『人間の条件』とJ・ハーバマスの『公共性の構造転換』は、「公的なもの」と「私的なもの」の関係、とりわけ、ヨーロッパの歴史のなかでの両者の関係を考えていくうえで、大変参考になる。

アレントによれば、ヨーロッパ史上において、「公的なもの」と「私的なもの」が最も明瞭に区別されていた時代は、古代ギリシャであった。古代ギリシャでは、自由な市民たちが共同して参加するポリスの生活圏と、各人のそれぞれの家（オイコス）の生活圏とがはっきり峻別されていた。前者は、対話と共同行為からなる優れて公的＝政治的な領域であり、後者は、生活の必要に拘束された私的な領域であった。[(1)] 注目すべきことに、アレントは、「私的」（private）という言葉がもともと「奪われている」（deprived）という欠損の状態を意味したように、古代ギリシャでは「私的なもの」は消極的な意味合いしかもたなかったと述べている。[(2)]

ハーバマスは、一七世紀末から一八世紀にかけての近代ヨーロッパの社会変化のなかで、「公的なもの」と「私的なもの」の明瞭な区別が新たな装いのもとに復活する様子を描いている。当時のヨーロッパでは、教養と財産をもつ市民がコーヒーハウスやサロンなどに集まり、そこで文芸や政治について自由に議論するなかで、私的な空間（家）から分離された公的な空間や生活が意識されるようになった。しかし、こうして近代の市民社会が実現した「市民的公共性」も、その後の大衆社会化の状況のなかで変質（構造転換）していった、とハーバマスは『公共性の構造転換』のなかで論じている。(3)

ところで、アレントは古代ギリシャに、ハーバマスは近代市民社会の成立期に、それぞれ「公的なもの」と「私的なもの」が明確に区別された社会のあり方を認め、そこに一つの理想を見ている。私は、古代ギリシャや近代市民社会が、本当にそのような理想的な社会だったのかどうかは知らないが、ここで、実際がどうであったかということより、むしろ、アレントにしろハーバマスにしろ、「公的なもの」が「私的なもの」から峻別された社会のあり方を規範化したということ自体に注目したい。そもそも、「公的なもの」を「私的なもの」と区別しようとする感覚そのものも一つの公共精神の現われだとすれば、アレントとハーバマスは、それぞれ古代ギリシャ的公共性をモデルとするか近代の市民社会的公共性をモデルとするかの違いはあっても、ともかく「失われた公共性」の復権ないし救出という根本的動機を共有していたといって間違いなかろう。

最近、「公／私」問題や公共性をめぐる議論が活発化しているが、それも「公共性の衰退」に対する苛立ちを多くの人々が感じているからであろう。「公的なもの」と「私的なもの」の区別があいまいになることは、大人と子どもや善悪などの区別（けじめ）があいまいになることとどこかでつながっている。物事には「けじめ」が必要であるという感覚は、公共精神の側からやってくる。「私事化」の風潮のなかで、「けじめ」の感覚がなくなり、このままでは社会が「解体」してしまうのではないかという危機感を多くの人々が抱いている。

ところが、そういう危機感を多くの人々が共有しつつも、では、公共性の復権ないし救出に向けて、「私的なもの」の現状をどう診断し、これを「公的なもの」に対してどう位置づけるのかという話になると、議論は錯綜してくる。例えば、R・セネットとC・ラッシュは、ともに現代社会におけるナルシシズムの傾向を否定的に受けとめ、公共性や「よい社会」の復権を希求している点では立場を同じくしているが、しかし、セネットが、「公共性の衰退」を、「公的なもの」に対する「私的なもの」の肥大化、私的領域の原理である「親密さの支配」によって説明した[4]のに対して、ラッシュは、親密さの原理が公的領域に侵入したというより、私的領域が親密さの場としても崩壊していることを重視している。[5]

「公的なもの」と「私的なもの」との関係は、一方の力が強くなれば他方の力が弱くなるという、ゼロサム状況のなかでの均衡のモデルで捉えればよいのか、それとも、互いに一方が他方を際立たせるような、「図と地」の関係の布置モデルで捉えるのがよいのか。「公的なもの」と「私的なもの」が鋭く対立していることを理解するのに、前者のモデルはとても便利だが、同時に、「公的なもの」も「私的なもの」もそれ自体では成立せず、互いに他を前提とするわけだから、そのような関係を捉えるのに後者のモデルは欠かせない。われわれはこの二つのモデルを使い分けながら、どちらかといえば、後者の布置モデルをより重視している。

(3) 教育における「公／私」問題

今日、教育は三つの大きな波にさらされて、「公共性の喪失」の危機に瀕している。三つの大きな波のうちの一つは、「市場化」の波である。これは、教育への市場原理の導入を推し進める一連の教育改革によってもたらされた。これまでの官僚的行政機構を通じた国家による教育の統制から、市場による教育の統制へと、教育を統制する原理が大きくシフト・チェンジしつつある。それにともない、規制緩和や民間活力の導入といった、もともとは教育以外の部門からきた言葉が、改革論議に説得力をもたせるものとして多用されるようになった。

こうした動向のなかで、かつての「国民教育論」がもはや説得力を失ってしまったことは、注目に値する。国家による教育統制に対して「国民の教育権」を対置するという旧来の図式では、今日の「教育の市場化」がもたらす問題を的確に捉えることはできないのである。

二つ目の大きな波は、「私事化」の波である。近年の社会状況の変化とともに、人々が教育を語る文脈とその「語り口」から、「公的な事柄」や「他者」の観点が消失し、ついに教育は「個人の権利」の問題になったのである。これは、先の制度ないし政策のレベルでの「公共性の危機」に対して言えば、言説ないし意識のレベルでの「公共性の危機」である。

注目すべきは、このような教育意識の「私事化」の動向に対しても、従来の左派的な教育論が、「加害―被害」の文脈のなかでの「被害者の権利」の物語の正当化に加担するのみで、それに代わる「公的な事柄」としての教育の物語を筋立てていないということである。

三つ目の大きな波は、「個別化」の波である。これは、学校をとりまく共同体ないし共同体的な「絆」の崩壊、学校のなかでの共同体的な関係の弱体化によってもたらされた。近代学校が成立した当初、学校の使命は「旧い共同体」の桎梏から個人を解放することにあると考えられたが、いまでは皮肉なことに、かろうじて学校のなかに共同体的な生活があるのである。

しかし、残念なことに、これまで多くの教育学者は、学校のなかに共同体的な関係を築き上げようとする教師の努力を「時代遅れ」のものと見なし、場合によっては、この地道な努力を「日本的集団主義」の名のもとに攻撃することで、教育における「個別化」の趨勢に歯止めをかけるどころか、むしろこれを助長してきたのである。

われわれは、このような「市場化」「私事化」「個別化」の大きな波にさらされて危機に瀕している「教育における公共性」を擁護しようと思う。今日、「教育における公共性」を擁護するという課題を背負うことは、われわれにとって特別な意味がある。それは、学校をとりまく社会状況への応答として、学校教育のあり方について、あえて規範的に論じるということであり、しかも、そのような「規範」問題をめぐる開かれた議論こそ、われわれの学問の中心に据えられなければならないということである。

二　学校という場所・教師という存在

(1) 教育の媒介性と両義性

公的な領域と私的な領域の境界線をどこに引くのか。「公的なもの」と「私的なもの」の関係をどう捉えるのか。こういった問題がとくに教育において先鋭化せざるをえないのは、教育の媒介的で両義的な性格のためである。

教育は、公的な領域と私的な領域の「はざま」に立って両者を媒介する。この「媒介」の機能を説明するのに、「橋渡し」のメタファーがよく使われる。例えば、学校は子どもを家庭という私的な領域から実社会という公的な領域へと「橋渡し」するのだと。あるいは、学校を「小さな社会」と捉えて、その「公共的」側面を強調すれば、子どもは家庭という私的な領域と学校という公的な領域の間を行き来することで成長するのだと言えようか。二つの領域の間の「往還」のイメージにしろ、「橋渡し」のメタファーにしろ、「教育の媒介性」を捉えようとするものである。

「教育の媒介性」と比べると、「教育の両義性」は少し捉えにくいかもしれない。教育は、ある面では「公的な営み」であり、また別の面では「私的な営み」であるというように、つねに「公的」な性格と「私的」な性格の両面を併せもつのである。そのような「教育の両義性」は、「教育の媒介性」を説明した際の、学校の二重の位置づけのなかにもすでに見て取ることができる。「学校という場所」は、上に「小さな社会」と言ったように、子どもが初めて家族とは違った「仲間」と知り合う「公共的」な場所であると同時に、「家庭」のあり方をモデルにして人為的に作られた「親密な空間」である。また、H・ノールが言うように、教師は、子どもに対しては社会（文化）を代理し、社会（文化）に対しては子どもを代理するという、二重の立場に立たざるをえない。つまり、「教師という存在」は、一方では「社会（文化）の代理人」であり、他方では「子どもの擁護者」であるというように、つねに二重に規定される両義的な存在である。[6]

このように学校が両義的な場所であり、教師が両義的な存在であるとすれば、教育をとりまく社会状況の変化によって、二つの立場のどちらに力点が置かれ、どちらの規定が前面に出て、どちらの規定が背後に退くのかが変わってくる。教育が問われる文脈によって、二つの立場の間での重心移動や、二つの規定の間での「図と地」の転換が起こるのである。そして、そのことは当然のことながら、公的な領域と私的な領域の線引きの見直しや、「公的なもの」と「私的なもの」の関係の捉え直しをわれわれに迫り、教育における「公／私」問題を先鋭化させることになるのである。

さて、「教育における公共性の擁護」という立場から、子どもにとって、学校がどういう場所であり、教師がどういう存在であるかと言えば、それはもう明らかである。学校とは、子どもが（家庭にいるときのようには）勝手気ままに振舞うことの許されない「公共」の世界であり、この「公共」の世界を代表する教師は、確かに、いろいろ親切に教えてくれるが、もはや両親のようには自分だけにかまってくれない「公平」な存在である。

(2)「学校の家庭化」と「家庭の学校化」

ところが、人々の教育意識が「私事化」しつつある今日、教師が、子どもに対して「公共」の世界を代表するということが、ますます困難な課題となっている。それは、今日の学校教育そのものの困難である。ある高校教師は、次のように書いている。

体の底にひどく重ったるい、鉛のような疲れを覚えることがある。焦燥とか憤怒を、とうに通り越している。どこにも持っていきようのない、やりきれない疲れ……。（……）

疲労はどこからやってくるのか。その第一はまぎれもなく、生徒の実態からくる。生徒、つまり若い世代は次々と新しい問題をひっさげてやって来る。それに対して教師は、既成の世代として彼らの前に立ち現れる。

いきおいそこには摩擦が生じる。しかしこれは今にはじまったことではない。教師―生徒の関係にいる限り、いつでも大なり小なり生じるのだ。既成の世代とはつまり大人の世代ということであり、生徒が「あの先公、オレタチの気持わかってくれねえ。」というのは、はじめて他者としての大人の壁にぶちあたったときの感想なのである。この世代対立の矢面に立つことによって、疲労はまぎれもなく生じる。

しかしそれだけが原因ではない。底に堆積するばかりで、脱出口のない疲労は教師であることの困難さが共有されていないことからも来るのだ。今までなら、既成の世代として若い世代に対峙することは、その父母や社会の眼をも代理することに通じた。いいわけのない生徒を叱るとは、大人の代表として叱ることと同じだった。そこにおいては教師の困難さは、大人同士で共有されていた。だから代表して悪役をかって出る教師に対する有形無形の敬意や支援があった。

だが、その関係は破算した。今や父母や社会の先鋭的眼差は、共有どころか絶縁状を突きつけ、生徒と一緒になって学校・教師を敵視する。いきおい教師は、対生徒との困難性を日常的にかかえたまま孤立し、沈黙する。孤軍奮闘して力で抑えようとすれば、管理主義だといってたたかれる。批判にうんざりして力を抜けば、無能だ無責任だと罵倒される。つまりどのようにやっても、否、どのようにやらなくても批判の対象とされる。

この二重の困難性が疲労となって堆積するのである。(7)

今日、教師は二重に追い詰められている。一つは、学校が「公共」の場所であることを弁えない子どもが増えてきたことで。そして、もう一つは、そのような子どもの前に公共性の「壁」となって立ちはだかる教師が、家庭や社会から「支えられ」なくなったことで。逆に言えば、以前は「支えられ」ていたから、学校のなかで教師は、子どもの勝手な振舞いを抑える者として、あえて大人の悪役（憎まれ役）を演じることができたのである。もう少し引用してみよう。

このように演技として悪役であることが、生徒には本当の悪役として迎えられる。が、それは覚悟の上だ。問題は、それ以外の外側の人たちまで悪役にすぎないものを本物の〈悪人〉と同一視してしまって、生徒と一緒に悪罵をはじめたことなのである。……今の世に好きこのんで割りのあわない悪役をやりたいなどという大人は、そういるものではない。このように、あえて悪役をやっているという機微が、共有されず根こそぎにされていると感じたとき、疲労は脱出口を見いだせぬまままってていくのである。(8)

これまで教師が、公共性の「壁」となって子どもの前に立ちはだかることができたのは、父母や地域の人々の理解と支援があったからである。ところが、近年、このような教師を支える力がなくなってきたばかりか、むしろ逆の力がはたらくようになってきた。ここで、気をつけたいのは、学校で教師がやっていること、あるいはやろうとしていることは、昔とほとんど変わらないのに、人々がそれを以前とは違ったふうに見るようになったということである。変わったのは、学校（教師）ではなくて、学校を見る人々の眼差しである。

かつて、学校と学校の外の地域社会との関係は、「遅れた」地域社会に対して優位に立つ「進んだ」学校が、「遅れた」地域社会の「封建的」な暮らしから子どもたちを文化的に解放（啓蒙）するというものであった。ただし、かつては「封建的」と見なした共同体のなかでの暮らしの経験が、いまになって思えば、実はどれだけ学校での「共同の学び」を支えていたことか。しかし、その後の消費化とメディア化の急激な進展のなかで、学校と学校の外の社会との位置関係（どちらが「進んで」、どちらが「遅れて」いるか）は、完全に逆転してしまった。学校のほうが「時代遅れ」になってしまったのである。社会の「高度化」によって、地域共同体とその「絆」は徐々に崩壊し、いまではむしろ、かろうじて学校のなかに「共同体」が保持されているのである。

この学校と学校の外の社会との関係の逆転をどのように考えるかは、社会の「高度化」の進展のなかで、子どもたちの得たものと失ったものをどう評価するかという問題とも絡んでくるが、われわれはあえて、「遅れた学校」が「進んだ社会」のあとを追いかけないほうがよいと考えている。こういう時代だからこそ、「学校の後進性」を積極的に評価したい。いや、評価の観点を変えれば、学校は「遅れている」のではなく、「最後の砦」として社会「再生」の鍵をにぎっているのである。

確かに、学校はこれまで、消費文化とメディア文化の子どもの生活への影響をくい止めることに精根を傾けてきた。しかし、それは、学校があまりにも頑迷で怠慢だからしてきたことなのであろうか。そうではなかろう。それは、人間を孤立化、分断化させつつある現代の支配的な文化に対する、「対抗文化」の担い手として学校が機能してきたからである。そして、人々は一方では、「学校の後進性」をあげつらい、これを批判、攻撃しつつも、他方では、共同体が完全に崩壊することを恐れて、まさにこの「時代遅れ」の学校に寄りかかってきたのである。

このように学校と学校の外の社会との関係は、完全に「ひっくり返って」しまった。かつて「進んだ」学校が、悪しき因習の温床である「封建的」な共同体の解体に手を貸しながら、実は、その共同体のなかでの生活経験に支えられて、知的な教育を行なうことができたとすれば、いまでは逆に、「進んだ」社会が、かろうじて学校のなかに残っている共同体と共同体的な道徳への嫌厭感情を煽り立てながらも、実は、その嫌厭している当のものに寄りかかって、かろうじて「解体」の危機を回避しているのである。

しかし、「ひっくり返って」しまったのは、学校と学校の外の社会との関係だけではない。学校と家庭との関係も、近年、また別の意味で「ひっくり返って」しまった。すなわち、「学校の家庭化」と「家庭の学校化」が同時に進行しているのである。「学校の家庭化」とは、学校という場所の両義的な性格のうち、「公共」の場所としての性格が次第に薄れて、気ままに振舞える「家庭」的な場所としての性格が強まることである。それは同時に、教師という立場の二重性のうち、「社会の代理人」としての立場よりも、「子どもの擁護者」としての立場が偏重されるようになることである。こうして近年、教師に対して、もっと子どもに寄り添うべきであり、子どもの気持ちを理解すべきである、という規範的な要請が強まっている。また、その一方で、消費社会化とメディア社会化の波は家庭の深部にまで押し寄せ、「親密な場」としての家庭は、いまや内部から「空洞化」しつつある。学校への「親密さのイデオロギー」の浸透と、家庭という「愛の共同体」の空洞化が同時に進行している。同時に進行することで、学校の教育力も家庭の教育力もともに衰退するのである。どちらか一方の力が強まって、他方の力が弱まるのではない。次世代を育てる力が全体として衰退するのである。

三　教育が語られる文脈とその「語り口」

(1)　被害者の母の物語

教育はもともと両義的な性格をもつから、人々はこれを「公的な事柄」として責任ある教育者の立場から語ることもできるし、「加害―被害」の文脈のなかで「個人の権利」の問題として語ることもできる。おそらく、ついこの前までは、教育を「権利」問題として語ることに積極的な意味合いがあったであろうが、しかし、その後の人々の教育意識の「私事化」とともに、その意味合いは薄れている。われわれがここで問題にしたいのは、国家による「国民の教育権」の侵害というようなことではない。むしろ、人々がいつしか学校を、何かしら重苦しい抑圧的なものと見るようになり、誰もが、学校という抑圧機構による「被害者の視点」から教育「問題」を筋立てるようになったということである。

例えば、いじめにしろ、不登校にしろ、何らかの教育「問題」について語るとき、誰もがこぞって「被害者の視点」から語るために、まるで当の子ども以上の被害感情にとらわれてしまった母親の口吻を思わせるような「語り口」が優勢となっている。もちろん、「被害者の視点」から語ることが間違っているわけではない。しかし、だからといって、教育という「多声的」な現実において、「被害者の物語」の正当化に加担する声だけが大きくなるのはまずい。一つの声しか聴こえなくなるとき、かえって教育のあり方は歪められていくことになるからである。一つ事例を取り上げてみよう。

私の二人の息子が、小学校四年生と三年生のときのことである。ある日職場に妻から電話がかかってきた。下の子（三年生）が手に怪我をした。いまから病院に連れて行くという。私が急いで病院に駆けつけると、ちょうど診察を終えたところで、二人は待合室にいた。息子は手に包帯をしていたが、大した怪我ではなかったようである。怪我をしたいきさつについて私が尋ねると、息子ではなく妻がしゃべりはじめた。それによると、「事件」は息子がいつものように同級生のT君と一緒に学校から帰る途中に起こった。二人はたまたま帰り道で上級生（四年生）のF君と出くわした。T君がF君に何か言ったところ、F君が急に怒りだして息子に飛び掛ってきた。組み倒された息子はほとんど無抵抗であるにもかかわらず、F君に手の甲を踏みつけられたらしい。「上級生なのに、ひどいことをする」と、包帯をした息子の手を見やりながら妻は言った。妻が話している間、息子は一言もしゃべらなかった。

妻の話を聴きながら、どうも私は釈然としないものを感じた。F君といえば上の息子の同級生である。転向してきたばかりのおとなしい子のはずだが。「息子はひょっとしたら加害者なのかもしれない」。私はそう思った。妻は「かわいい息子」の断片的な話をつなぎ合わせて、わが子を被害者とする事件＝物語を筋立てた。しかし、私には、これとはまた別の物語を筋立てることが可能であるように思われた。

その筋立てはこうである。息子とT君が下校途中に転向してきたばかりのF君と出くわした。息子たちは下級生であるにもかかわらず、相手が一人であることをよいことにF君をからかった。転校生なら、この時期誰もが不安を抱えているはずである。新しい学校でこれから自分はどうなるのか。（下級生にまでばかにされるようなみじめな学校生活を送りたくなかったF君は、軽い気持ちでからかった二人がびっくりするような――しかし本人にしてみたら必死の反撃にでたのではないか、と。

私はかつて高校の教師をしていたとき、この手の「事件」に自分の子どもが関わっていたとなると、母親というものは往々にして、「何も悪いことをしていないわが子」の話を鵜呑みにして、わが子を一方的な被害者とする「事件」を筋立てやすく、しかも、この母親が当の子ども以上の被害感情にとらわれると、なかなか冷静に話し合えなくなること、こうした場合はむしろ、父親と話したほうが「話が通じやすい」ということを何度か経験してきた。ちなみに、上の息子の「事件」の場合、妻は学校と連絡をとる直前に、私と話し合うことでわが子を少しだけ突き放してみる視点を得ていた。このことは、その後の関係者との話し合いを容易にしたと思う。その夜、T君が両親に付き添われてわが家に謝罪にきた。教師の「取調べ」によって、この「事件」でT君が果たした中心的な役割が明らかになったのである。新しい「筋立て」のなかで、この「事件」の主犯格となり、しょげ返っているT君を、妻は「うちの子も悪いから……。これからも仲良くしてね」と励ましていた。

ここで言いたいことは、母親の筋立てはいつも「主観的」で間違っており、父親の筋立てのほうが「客観的」で正しいのだということではない。おそらく、子どもが健やかに育つためには、どんなときでもわが子をかばう母親的な関わり方と、ときには「人様に迷惑をかけているのではないか」と疑う父親的な関わり方の両方が必要なのだろう。子どもと一体化した母親の見方と、わが子であっても突き放して見る父親の見方の、どちらの見方が正しいのかを問うてみても仕方があるまい。肝心なのは、二つの見方を交錯させながら、事態をより立体的に捉えることである。

(2) 心理主義化した学校

その点で、どうも最近気になるのは、「傷ついた子ども」の立場を代弁する（母親のような）大人が増えていることである。子どもが学校で傷つけられている、と叫ぶ彼らの声は大きい。彼らの声がなぜ大きいのかといえば、それは、彼らが傷ついた子ども＝被害者と同一化しているからであり、彼らの筋立てる「被害者の物語」が唯一の正しい物語である（と彼らが信じている）からである。そして、この傷ついた子ども＝被害者の立場からする教育「問題」の筋立てのなかで、責められるべきはいつも教師である。子どもの心を傷つけたことで。あるいは、傷ついた子どもの気持ちを理解しなかったことで。

しかし、そもそも、被害者は「被害者の物語」のなかで「被害者」になるのであって、最初から被害者なのではない。傷ついた子どもは、大人が筋立てる「被害者の物語」に「憑かれる」ことで、一時的に「救われる」かもしれないが、しかし、長い目で見れば「救われない」だろう。その意味では、「被害者の立場」を代弁する（母親のような）大人が増えることが、本当に子どものためになるかどうかは疑わしい。

「傷ついた私」を主人公とする物語。その「私がたり」からは何かとても大切なものが「奪われている」ように思う。それは、自分が「自分を超えたもの」とのつながりに支えられて生きているという、自分の存在の「有り難さ」の自覚であり、また、どこかで自分を支えてくれているものへの応答である。つまり、「傷ついた私」の「私がたり」からは、「公的なもの」の超越的な次元が「奪われている」のである。

誰もが被害者の母親のようなことしか言えない時代。そういう時代に、カウンセリングや心理療法は、いかにも母親が喜びそうな傷ついた子ども＝被害者の物語のネタを提供し続け、そのことで「時代の学問」になっている。われわれは傷ついた子どもの気持ちを理解しなければならない。しかし、子どもは「被害者の物語」の筋立てのなかで理解されることで、ますます「傷つきやすく」なるだろう。そして、傷ついた子どもの気持ちを理解しなければならないという、教師に対する規範的な要請はますます強くなり、こうして教師は無限の子どもへの理解を強いられるのである。

近年、教育における「公的なもの」と「私的なもの」をめぐる「図と地」の布置関係は、大きく転換してしまった。「公的なもの」を「図」として前面に出せばよいところで、「地」であるはずの「私的なもの」を前面に出している。現代の心理主義化した学校は、そういう「公／私」の構図に起こった布置転換のなかで、ますます多くの「傷ついた子ども」を生みだしているのである。

四　教育における公共性の擁護のために

「私事化」した時代の教育のキャッチフレーズは、「個性重視」である。最近、どうも学校の印象が悪いのは、この「個性」を抑圧する機構として学校がイメージされているからであろう。とくに、学校のなかに共同体的な関係を築き上げようとする教師の努力が、「日本的集団主義」の名のもとに厳しく批判されてきた。確かに、こうした批判は、現代人の「私事化」した生活感覚によくアピールするようである。多くの人々が、共同体的な生活は「個の自立」を妨げると考えている。しかし、およそ共同体や「他者」から切り離された「個の自立」など幻想にすぎない。「個を超えたもの」とのつながりを欠くとき、個人は「自立」するのではなく、「支え」を失って「浮遊」するのである。

このように言うと、いや、共同体そのものではなく、「閉じた共同体」のあり方を批判しているのだ、とすぐに反論されるだろう。加入・退会の自由のないコミュニティーが、その成員に過度の「同化」を強いるあり方が問題なのであって、「開放性」「多様性」を原理とする出入りの自由なアソシエーションならよいというのである。しかし、それは、あまりにも大人にとって都合のよい、「いいとこ取り」の発想である。子どもは、いきなりボランタリーなアソシエーションのなかに入るのではない。まずは宿命的なコミュニティーのなかで生まれ、そのなかにどっぷり浸かって育つのである。そのような「閉じた共同体」のなかでの暮らしの経験こそが、子どもの「心の故郷」である。

やがて子どもは学校に通うようになる。子どもにとって学校は、家族とは違った仲間との「共同体的」な生活の場である。そういう「共同性」に関わる経験の場としての学校の役割は、以前にもまして重要になっている。時代の流れに逆らうようだが、教育における公共性の擁護のために、われわれはあえて、このような学校の役割を強調したい。わが国では、「公共性の衰退」は、必ず「共同性の危機」とパラレルに進行するからである。

注

(1) Arendt, H., *The Human Condition*. 1958.（志水速雄訳『人間の条件』筑摩書房、一九九四年、四九頁以下）参照。
(2) 同前訳書、六〇頁、八七頁。
(3) Habermas, J., *Strukturwandel der Offentlichkeit—Untersuchungen zu einer Kategorie der burgerlichen Gesellschaft*. 1962.（細谷貞雄訳

『公共性の構造転換』未来社、一九七三年、二一五頁以下）参照。

(4) Sennett, R., *The Fall of Public Man*. 1976.（北山克彦・高階悟訳『公共性の喪失』晶文社、一九九一年、三六一頁、四六八頁以下）参照。

(5) Lasch, C., *The Culture of Narcissism*. 1978.（石山弘義訳『ナルシシズムの時代』ナツメ社、一九八一年、五四―五八頁）参照。

(6) Nohl, H., Die padagogischen Bewegung in Deutschland und ihre Theorie. Frankfurt/Main, 1935 (1978, 8. Aufl.), S. 135-136.

(7) 佐藤通雅『学校はどうなるか』学芸書林、一九九一年、一八六―一九〇頁。

(8) 同前書、一九〇頁。

第五章　老いと時間

一　問題としての「老い」

(1) 誰の問題か

「老い」がにわかに人々の関心を集めるようになってきた。「老い」の問題といえば、われわれは真っ先に老人のための社会福祉や医療のことを考える。もちろん、高齢化社会を迎えて、われわれはこうした社会福祉の充実や医療技術の向上を切に願わざるをえないし、そのために努力を重ねていかねばならないのは言うまでもない。しかし、このような社会政策的・医学的援助の形で問題にされる「老い」は、しょせん、「他人事としての老い」でしかないのではなかろうか。そこでは、老人は福祉や医療という援助を享受する側、われわれ自身は援助する側として、自らの「老いをどう生きるのか」は不問に付されたままなのである。「老い」は社会政策的・医学的援助の問題であると同時に、各自が自分自身の問題として引き受けなければならない課題でもある。本章で問題にしたいのは、後者の「老い」、いわば他人事に対する「自分事としての老い」である。

ところで、「誰の問題か」という「老い」の帰趨の問題は、「老い」の意味と価値がどう捉えられるかということにも関係してくる。「老い」が結局のところ他人事であり、老人が単に援助の対象である限り、われわれは

「老い」そのものに何ら積極的な意味と価値を認める必要はないであろう。「老い」はせいぜい援助によって軽減されたり、克服されるべき「障害」「欠陥」にすぎないのである。その意味で、福祉や医療はそれがどんなに充実し向上しようとも、「老い」の姿を惨めなものとして描くことに一役かっているという側面がある。けれども、ひとたびわれわれが「自分事としての老い」に直面するや、われわれは「老い」に何らかの積極的な意味と価値を認め、自分の「老い」をどう有意義に全うするかを考えざるをえないのである。本章は、このような「自分事としての老い」を、「どのような時間を生きるのか」という実存論的時間論の視点から考察するものである。

思うに、時間意識の問題は、身体のそれとともに「老い」の現象学的考察にとって最も基本的な視角を提供するのではなかろうか。言い換えれば、実存論的な時間と身体は、「老いの現象学」のための最も有効な方法的通路となりうるのである。このことは、「私は私の時間である」という言表が「私は私の身体である」という言表とともに実存論的に了解可能であり、時間への問いも身体への問いも、ともにその解明作業は時間や身体を「生きる」われわれ自身の自己省察とならざるをえないことから分かるであろう。およそ、われわれが「生きる」とは「時間を生きる」ことに他ならず、しかもその時間（実存論的時間）は、つねに「誕生からの総合」（私は私の過去である）と「終末からの総合」（私は私の未来である）という二つの意味方向の交錯する時間である。

それにしても、なぜわれわれは自分事としての「老い」を問いうるのだろうか。それは、われわれがたとえ【年齢的には】若さの只中にあっても、いつもすでに「老いへと関わる存在」だからである。自分事としての「老い」を問うことが可能なのは、通俗的には、「いまはまだ……ないが、やがていつかは現実的となる」「老後」への想像力によってであるかもしれないが、実存論的には、「老い」がわれわれの生存する限りつねに引き受けなければならない存在の仕方だからである。通俗的な「老後」問題への関心といえども、この実存論的な「老いへと関わる存在」に基礎づけられて生じるはずである。でなければ、例えば、決して老齢とは言いがたい私がこのような論文を物すること自体の可能根拠がないことになってしまうであろう。実は、われわれ人間は可能存在として、不断に「まだそれでないもの」なのである。ただし、このわれわれの存在の仕方に属する「まだ……ない」は、われわれの外にあっていつか襲いかかる「未済」(Ausstand) ではなく、われわれがつねにそれへと態度をとるべき「切迫」(Bevorstand) である。M・ハイデッガーのやや刺激的な表現を引けば「人は生れ落ちた瞬間から、もういつ死んでもいいくらい老いている」[1]のである。若者は普段、自分では自分の若さを意識しないものだが、たまの気づきが「まだ十分若い」と自分になかば脅迫的に言いきかせる形をとるのは、若さへの自覚といえども「切迫としての老い」によってはじめて可能になるからである。もちろん、われわれは「老人」と呼ばれる境涯を直接経験しうるのだから、[年齢的な]若さの只中の「老い」と老人のそれとのどちらが逼迫して前に (bevor) 立つ (stehen) かは、言うまでもないことであるが。

(2) 分裂した老人像

さて、老後の老いの姿は誰にでも共通の姿として現われるのではない。事実、われわれは自分たちの回りに実に様々な、場合によってはまったく似ても似つかぬ老いの姿を見るのである。われわれは美しく老いることもできれば醜く老いることもできる。人がそれぞれに思い描く老人のイメージが統一した像を結ばないのもそのためである。その老人像のあまりにも食い違うこと、それは、われわれの思い描く子ども像がほとんど分裂しないのと際立った対照をなしている。それで、人々は老いの姿についてできる限り正確に報告しようとすれば、その美しく老いた姿(老成)と醜く老いた姿(老醜)、いわば老人の「光と影」について語らねばならないほどである。

美しく老いた人(老成した人)の徳として、O・F・ボルノーは、「放下」「清明」「叡智」「善意」を指摘しているが[2]、こうした徳も、それが決して加齢とともに誰にでも自然に訪れる状態でないことは言うまでもない。われわれはのちに、こうした老成の徳が、老化とその先にある死の正受、およびそれと一つになった生涯の物語の正受によって開かれる「大きな境地」と関係していることを、「老い」の生きるに二方向の時間(「誕生からの総合」と「死からの総合」)を考察することによって明らかにしたい。

老人の「影」の側面、「暗い像」としては、例えば、ひがみっぽい邪推や頻繁な立腹を指摘することができよう。このような表面に現われた特徴は、老人の孤立や自己の価値観の低下と関係して説明できるが、それはまた、老人が自分の生涯の物語と死を受容できないこととも無関係ではない。周囲の好意を受け入れられないのは、実は自分の物語の意味を超越に託せないからだし、彼がもっとも腹を立てているのは、実は自分自身の「受容できない」衰えとその先に見える死だからである。さらに、厳密には、老人の「影」の側面、「暗い像」とは必ずしも言えないと思うが、のちの時間論とも関連してとくに指摘しておきたいのは、「老いの繰り言」と呼ばれる老人特有の饒舌である。(3) 老人は、その「おしゃべり」のなかでしばしば自分の幼少時代や青年時代を回顧する。彼はあたかも現在よりも過去に生きるかのようである。それが若者の荷厄介になるのは、いましがた話したばかりの遠い昔の物語を、何度も繰り返し冗長に語ることによってである。若者はその「先へ先へと急ぐ」時間感覚のなかで「冗長さ」をひどく嫌い、「繰り返し」を極力排除したがる。しかし、老人のおしゃべりの「冗長さ」と「繰り返し」を否定的にしか見ないこと自体が、実は「若者本位」の考え方に囚われているからかもしれない。就学前の幼児は、繰り返しを厭わないどころかむしろ逆に好むものだし、学習（仕事）の能率を上げることによって時間を稼ぐという発想からまったく自由である。そこで「新しい記憶が衰え、逆に、とうの昔に忘れてしまったはずの出来事の記憶が蘇る」ということが主体的な「老い」にとって何を意味するかをもう一度問い直すならば、それは、死を真近に見る老人が生涯の物語との再対決を迫られているということであり、そして、その対決の行方如何は「老いにおける成熟」とも関わってくるはずである。

このような老人の「光と影」、まったく相容れないかのような「明るい像」と「暗い像」を見てくると、われわれは単に老いるのではなく、どのように老いたいのか、老いの質を問い、より人間らしい老い方を自ら選択することが肝心になる。ところが、老い方がわれわれの選択であるにしても、それは、高齢に至ってはじめていざ決意を迫られるような選択ではない。「どのように老いるか」は、それまで「どのように生きてきたか」によって決まるのである。どれほどわれわれ自身が美しい老い方、「老成」を望もうとも、それは、老後の自由な選択などではなく、むしろそれまでの生き方の結果として自ずから具わるものなのである。その意味で、老いの姿はわれわれの人生の成就（consummation）であるということができよう。まことに、人間は生きてきたように死ぬしかなく、逆に、老いの姿によってその人のそれまでの人生は試されているのである。

さて、時間には二つの等根源的な意味方向があり、それはまた自己のあり方の意味方向である、というのが本章の基本的な立場である。われわれはどうやらすでに一方の意味方向から説明しはじめたようである。次節では、この二つの意味方向を順次主題的に取り上げて考察しよう。

二　時間の二つの意味方向

(1) 私は私の過去である

言うまでもなく、老いの姿だけが人生の成就（consummation）ではなく、実はわれわれのすべての年齢のあり方が、そのつどそれまで「どのように生きてきたか」のconsummationなのである。一〇歳の子どもは一〇年間の人生のconsummationとして、現在の彼であるし、二〇歳の青年の現在は、二〇年間の人生のconsummationなのである。一〇歳の子どものあり方に美醜の差がないのは、そして、われわれの思い描く子ども像が互いに矛盾せず、したがって、子どもをほぼ一律に取り扱うことさえできるのは、彼らの人生がたかだか一〇年間のconsummationだからである。二〇歳の青年のあり方の差は、一〇歳の子どもの間以上に開いているが、しかし、七〇歳の老人の「老い方」の美醜に比べれば、まだ小さいはずである。一般に、どの年齢のあり方もその歳まで「どのように生きてきたか」のconsummationである以上、歳をとるにしたがってこの「あり方の差」は大きくなるのである（左図を参照）。

さて、ここに一人の悩める青年がいる。年齢は二〇歳。能力があり、その姿形は十分魅力的だ。大学に通うだけの経済力もあり、はたから見れば、彼の前途にはどれほど洋々とした未来が開けていることだろう。なのに、

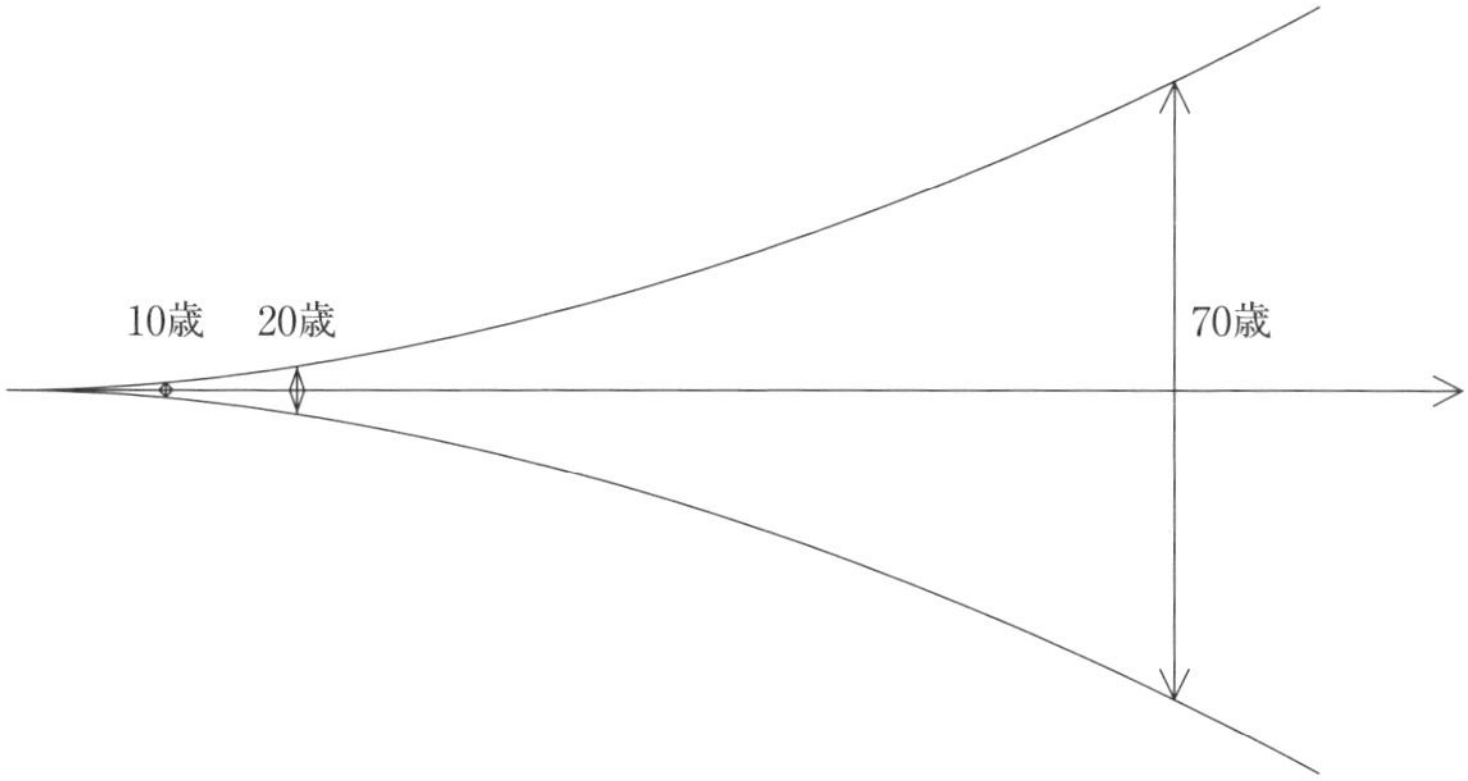

図5-1

彼は「もうダメなのだ。私には未来がない」という。もし彼の二〇歳のあり方が、彼のその時点での自由な企投であるならば、彼には何も「ダメ」なことはないはずだ。彼がいま自らの望むあり方を選べば、それが現在の彼であるからだ。だが実際には、彼が現在の彼で「ある」のは、彼の二〇年間のconsummationとしてなのである。彼の「ある」が「ダメ」でなくなり、再び可能性としての未来が彼に到来するためには、彼は彼の二〇年間の物語（誕生からの総合）を書き改めなければならない。それにしても、この「不幸な物語」の脚本を書き改めること（立ち直ること）は、当人にとって、またその書き直しを周囲で励まそうとする者にとっても、どれほど骨の折れることだろう。

こうした「誕生からの総合」という意味方向は、われわれの通俗的な時間理解からも、どちらかといえば理解しやすいものである。われわれは普通、時間は過去から現在へ現在から未来へと流れる（「過去→現在→未来」）と考える。そして過ぎ去った過去は私の現在を規定し、現在はたちまち過去となって現在となった未来を規定する、と。こうして過去は、私の現在の背後でますますその重みを増してゆく。われわれは年齢を重ねるほど多くの過去を背負い、それに制約されるのである。そのことは、通俗的には、「かつては現実的であったが、もはや過ぎ去った時間点」の動かしえない事実が、ある種の因果関係のように私の現在を規定することを意味するだろう。原因―結果の関係は決定論的であるから、私の現在は過去という原因（動かしえない事実）が増えるにしたがって、ますますその自由を失っていく（過去規定的になる）のである。

しかし、私がこれまで「どのように生きてきたか」のconsummationとして現在の私であるという場合、この「過去→現在→未来」の意味方向は、厳密には実存論的に理解される必要がある。実存論的な過去と通俗的なそれの違いを説明するために、試みに、私を一冊の歴史の教科書にたとえてみよう。実存論的な教科書は、どの頁も現在であり、そのどの現在にも、私の誕生以来の歴史（物語）が書き記されているのである。それに対して、通俗的な教科書の現在は最後の頁であり、一頁目からそこに至るまでが過去なのである。われわれが人間存在の「既在性」「被投性」「現実性」をいう時、それは通俗的ならぬ実存論的な規定を意味している。「私は私の過去である」という小見出しも、この実存論的な文脈で理解されなければならない。

もちろん、「私は私の過去である」という「既在性」の方向は、私が現在の私で「ある」ことの半面の規定でしかない。そこで次に、われわれの存在の（したがってまた時間の）いま一つの意味方向について考察しよう。

⑵ 私は私の未来である

確かに、（通俗的な）過去は動かしえない事実として与えられている。われわれは、過去にさかのぼって事実を変えるわけにはいかない。例えば、大学受験に失敗したという事実は絶対に変わらない。ただし、ボルノーも言うように、「事実は変えられないが、事実に対する私の関係は変えられるのである」[4]。単純化して言えば、私は過去の出来事に対して、二通りの正反する態度をとることができる。すなわち、その出来事を受容することもできるし、拒絶することもできる。受容するのか、拒絶するのかによって、私は同じ過去の事実を全く別様に振り返る（総括する）のである。かたや、現在の私で「ある」ことを「支える根拠」として感謝とともに。かたや、現在の私を「拘束する桎梏」として悔恨とともに。言うまでもなく、過去はそれが「意味」をもつ限りで現在に影響を与え続けるのであるが、その出来事の「何を意味するか」は、ひとえに私の現在における未来の投企にかかっているのである。一年浪人したという事実は変わらないが、一浪したという出来事の「意味」は、言い換えれば、その出来事の理解と解釈を可能にするものは、未来に向けた私の現在の行為のうちにあるのである。過去の意味が現在の行為のうちにあり、現在の行為が未来に向けた行為だとすれば、われわれは時間に、前とは逆の「未来→現在→過去」という方向のあることも認めないわけにはいかない。しかし、この意味方向は、われわれの日常的な時間の捉え方からすると、非常に理解しにくいものである。それは、通俗的な未来が「未だ来ないが、やがて現実的となる時間点」を指しており、そのような未来が現在の私で「ある」ことを規定するとは考えられないからである。しかし、未来とは、実存論的には、自分をそのつど自分の可能性から理解するという形で自分自身に到来するということに他ならない。ここでもまた例を用いて説明すれば、教職を志望する教育学部生にとって、教師は何年か先の自分の姿（通俗的な未来）であるとともに、彼が可能的な教師であること（実存論的な未来）が、彼が現在の彼であること（教育学部生であること）に他ならないのである。「一浪してでも大学に入った」という過去の出来事に対する理解も、彼の「可能的な教師」からの企投である。この実存論的な文脈で、「私は私の未来である」という一見ナンセンスに聞こえる言表も理解できよう。人間存在の「将来性」「企投性」「実存性」も、このような実存論的な規定である。

先に私は、consummationという言葉を人間存在の既在性・被投性・現実性を説明する文脈で用いた。二〇歳の青年は「二〇年間どのように生きてきたか」のconsummationとして現在の彼で「ある」と。しかし厳密には、彼が現在の彼で「ある」のは「二〇歳の可能的企投からする」consummationとしてなのである。二〇歳からの「ありうる」（実存論的未来）が二〇年間の「あった」（実存論的過去）に出会わなければ、彼のconsummationは成立しない。Consummationとは、「ありうる」の総括する「あった」の成就である。その意味で、これまで再三使用してきたこの用語は、可能な自己への到来が同時にすでに在った自己に帰来することであるという、実存論的な過去と未来の同時性、「誕生からの総合」と「終末からの総合」という二つの人生の意味方向の交錯を、一語で大変巧みに言い表わすことのできる言葉である。訳語としては、既在性の方向に力点があるときは「成就」、将来性からの方向を強調する時には「総括」ないし「集約」を当てるのが一番よいかと思うが、ただし、「あった」の成就と「ありうる」の総括ないし集約の等根源性のために、多くの場合、あえて訳語を付さずに使用することにした。

次項では、まず、時間の二つの意味方向の著しい不均衡が、自己の存在の仕方にどのような不自然な偏りないし病的発現をもたらすかについて考察し、最後に、「老い」という人生の境涯に特有のconsummationのあり方を、若者のconsummationとの対質において明らかにしてみよう。それは、「老い」を生きる人間の「自分の生涯の物語」への関わり（→「誕生からの総合」）と「自分の死」への関わり（→「終末からの総合」）を、「どのように老いたいのか」という価値的な観点（物語と死の正受）から問うことである。

三　「老い」の生きる時間

(1) 時間と自己

われわれは一見単純にいまの自分自身であるように思えるが、自分が「いまの自分である」という自己の自己性は、物の対象的同一性とは異なって、そのつど自己の自己自身への「時間的な」関係として成立しているのである。そして、この自己の自己自身への「時間的な」関係を可能にするものこそ、可能的自己への到来が同時に既在的自己への帰来であるという、実存論的な過去と未来の同時性に他ならない。つまり、われわれはいつでも「いまの自分である」と言えるにもかかわらず、それは、「いまからの自分でありうる」が「いままでの自分であった」をどう総括し、またそのことと等根源的に、「いままでの自分であった」が「いまからの自分でありうる」に向けてどう成就するかによって、そのつど新たに生起する事態なのである。上の文中で、「いま」が「いままで」と「いまから」を含むように考えるのは、（直線的な時間理解からすれば）不可解に思えるかもしれないが、具体的な「行為のいま」は、われわれの行為の関心に応じた「いままで」から「いまから」までの幅を必ずもつのである。

さて、自己の自己性が実存論的な時間への関わりのなかに与えられているからには、時間の二つの意味方向の著しい不均衡は、われわれの「いまの自分である」あり方に不自然な偏りないし病的発現をもたらすはずである。

まず、「私は私の過去である」という既在性の意味方向の極端な肥大から考えてみよう。(5) それは「うつ病」的な時間性の偏りである。既在性を自己の圧倒的な根拠にしている「うつ病」親和的な人々にとって、「いまからの自分でありうる」は「いままでの自分であった」のつつがない延長でしかない。未来はもはや何ら未知のものではなく、「いままでどおり」という確定性のもとに到来する。「うつ病」の発生状況は、役割交換の確かさや習慣の堅固さのなかで「いまの自分である」をしっかり支えていたはずの既在性が、その役割同一性の危機や習慣秩序の崩壊によって、巨大な「負い目状況」(テレンバッハ)となって自己にのしかかる事態である。こうして過去は「取り返しがつかないことになった」という後悔のなかで反芻され、それとともに可能性としての未来は自己の前で完全に閉塞するのである。

逆に、「私は私の未来である」という意味方向からの一方的な時熟を考えてみよう。(6) それは「分裂病」的な時間性の偏りである。既在性を自己実現の「支える根拠」として引き受けることの困難な「分裂病」親和的な人々にとって、「いまからの自分でありうる」は「いまからの自分であった」の裏付けを欠いた「無謀な理想形成」(ビンスワンガー)とならざるをえない。分裂病の発病状況は、残された存在の根拠である未来への先走りが、自己ならざるものへの到来としてもはや自己自身へと帰来せず、したがって、自己の自己性の成立すら脅かされる深刻な事態である。

このように、われわれの「いまの自分である」そのあり方を、病的に極端な場合も含めて、時間の二つの意味方向の統合のあり方から説明することができるのは、実存論的な時間が、われわれの「時間的に」存在する仕方以外の何物でもないからである。われわれはいつでも「いまの自分である」が、この一見当たり前の事態も、「いまから」と「いままで」の両方向の時間への関わりを欠いては成立不可能なのである。

(2) 物語と死の正受

最後にわれわれは、「老い」という人生の境涯に特有の時間の統合のあり方、すなわち、「老い」のconsummationの特質を、若者のconsummationとの体質において明らかにしなければならない。一般に老人は、若者と比べてより「うつ病」的である。それは、老人がより長年のconsummationとして現在の彼で「ある」からである。われわれの「いまの自分である」は、そのつどその年齢までのconsummationとして、長ずるにつれてその既在性の重みを増していく。ただしここで、老人と若者のconsummationの違いを考えるにあたって重要なのは、それぞれの背負う過去の軽重よりも、むしろ両者の実存論的未来への関わりのほうである。

老人は「先が長くない」という時間感覚を生きる。老人の「いまからの自分でありうる」は、「先」(いまから)がないという、いわば「不可能性の可能性」として、彼の生涯の物語を「完結」の相のもとに集約する。それは若者の「いまからの自分でありうる」が、彼の物語を未来に開かれた「発展」の相のもとに集約するのと対照的である。死は物語の完結であり、過去の出来事の意味の最終的な確定であるから、死を間近にみる老人は、自らの物語をもはや書き換ええぬものとして「そのまま」「まるごと」受容(正受)することを迫られる。

ところで、このような絶対的・全体的受容は、個我の自立の観点から見れば、最も受動的で、それゆえ否定的に見られるかもしれないが、観点を変えれば、それが若者の受容のように相対的・部分的なものでないからこそ、かえって受容それ自体の能動性は高まるのである。それは、物語の意味をそのまま超越に託そうとする依存の絶対受動＝能動性である。いや「託す」という言い方すら、すでに幾分かの個我の能動性の残滓を感じさせるので適切でないかもしれない。未来に開かれた若者が自らの物語の自立的な意味付与の「主体」であり、たとえ挫折や限界の体験という「小さな死」の受容を迫られているときですら、物語の意味を書き換えることによって主体的にこれを乗り越えようとするのに対して、「大きな死」の覚悟を迫られる老人は、「超越への依存感情」のなかでそのような主体性を放擲している。むしろ、彼は物語のほうから意味を従容として聴き取ろうとする。このような能動的な意味付与の主体から絶対受動的な意味の聴従者への転換、物語の意味を問う者から逆に物語から意味を問われる者への主客の逆転が、「老成した」「老い」の consummation＝成就と総括のあり方を決定的に特徴づけるのである。

われわれは、「誕生からの総合」と「終末からの総合」という二つの意味方向の交錯を、「老い」の consummation において、「どのように老いたいのか」という価値的な観点から、死と物語の等根源的な正受に見てとることができた。１項で見たような老成のあらゆる徳も、このような「死の正受」と「物語の正受」によって開かれる「大きな境地」（超越への依存感情）と無関係ではないのである。

注

(1) Heidegger,M., *Sein und Zeit*, 1927.（原佑・渡辺二郎訳『存在と時間』中央公論社、一九八〇年、四〇三頁。）

(2) Bollnow,O.F., *Krise und neuer Anfang: Beiträge zur Pädgogischen Anthropologie*, 1966.（西村皓・鈴木謙三訳『危機と新しい始まり——教育学的人間学論集』理想社、一九六八年、八八—八九頁）。

(3) 前掲訳書、九〇—九一頁。

(4) Bollnow, O.F., *Das Verhältnis zur Zeit:Ein Beitrag zur Pädgogischen Anthropologie*, 1972.（森田孝訳『時へのかかわり——時間の人間学的考察』川島書店、一九七五年、七六頁）。

(5) 木村敏『時間と自己』中公新書、一九八二年、九九頁以下参照。

(6) 前掲書、六四頁以下参照。

第Ⅱ部——学校と教室の臨床教育学

第六章　いじめの語られ方――いじめ問題への物語論的アプローチ

一　いじめという「問題」

マスコミのいじめ報道

いじめが学校教育における大きな問題としてクローズアップされ、「いじめ問題」という形で語られるようになったのは、一九八〇年代半ばのことである。マスコミが、子どもの死と結びついた「いじめ事件」をセンセーショナルに報じたことで、いじめは一気に社会問題化したのである。とくに、東京都中野区の中学二年生、鹿川裕史君がいじめを苦に自殺した事件は、「このままじゃ『生きジゴク』になっちゃうよ」という遺書（メモ）が残されていたこと、いわゆる「お葬式ごっこ」に教師まで加わっていたことで、マスコミによって大きく取り上げられ、「いじめ問題」への社会的関心を高めた。その後、八〇年代の終わりから九〇年代の初めにかけて、「いじめ問題」の報道はいったん沈静化するが、一九九四年十一月、愛知県西尾市の中学二年生、大河内清輝君の自殺事件が契機となって、「いじめ問題」が再燃化することになった。

いじめを見る人々の眼差しは、マスコミがこの問題をどのように取り上げ、どのように報道しているかに、かなり制約されていると考えてよい。ところが、マスコミによるこの問題の取り上げられ方、報道のされ方には、いくつかの問題点がある。

第一に、マスコミは、ひとたび「いじめ事件」が起こると、学校、教師を「悪者」にして、一方的な「学校たたき」「教師たたき」を繰り返す。しかし、自らは絶対安全な立場に身をおいて、「悪者」を追求するという報道のあり方は、まさに「いじめの構造」と同一のものである。

第二に、「いじめ問題」の報道に刺激されて、人々がいじめに対して非常にセンシティヴになり、ささいなことにも過剰に反応するようになる。もし、身近な大人が子ども以上に過剰に反応すれば、子どもはますます被害的に感じるようになり、仲間とうまくつきあうことが難しくなる。「いじめが深刻化している」と騒ぎ立てることで、「いじめ問題」がさらに深刻化するのである。

第三に、マスコミは、ものごとを単純化して伝える傾向がある。被害―加害の文脈は誰にも分かりやすいので、「いじめ事件」も、こうした単純な文脈のなかで、被害者の味方という社会的正義の立場から報道される。ここから、「いじめ問題」に関するさまざまな常套句とタブーが生み出されるのである。

名詞「いじめ」の成立

一九八〇年代になって、われわれは子どもたちの仲間関係に生じているある問題行動群を「いじめ」と呼ぶようになり、特別な関心をもって見るようになった。いじめが社会問題化したとき、実は、「いじめ」というカテゴリーが成立したのである

ちなみに、一九八三年発行の『広辞苑』第三版には、「いじめる――弱いものを苦しめる」という動詞は載っているが、名詞の「いじめ」は載っていない。『広辞苑』に「いじめ」という名詞が載るようになったのは、一九九一年発行の第四版からである。おそらく、第四版のための改訂作業に着手したころに、「いじめ」という言葉の使用頻度が高くなったのだろう。それはちょうど、マスコミのいじめ報道が最初のピークを迎えたころである。興味深いことに、『広辞苑』のなかで、名詞「いじめ」の意味は、「いじめ――いじめること。特に学校で、

弱い立場の生徒を肉体的または精神的に痛めつけること」と説明されており、この言葉が学校における「いじめる」という行為の名詞化として成立したことが示唆されている。われわれが、学校のなかでの生徒間に起きていることに、これまでとは違った不安な眼差しを向け、これを「問題視」するようになったとき、「いじめる」という動詞から「いじめ」という名詞が派生したのである。

また同時に、「いじめ」という名詞の成立によって、ある現象をそれ自体として「問題にする」ことが可能になったのである。しかし、「いじめ」という言葉は、人々の心情に強く訴えかける力をもつがゆえに、この言葉を使うことで理解される現象の範囲はどんどん拡大していく。(1) われわれは、あらゆる現象のなかにいじめを探しだそうとし、そして、この一語を使うことで、何かすべてのことが分かったような気になるのである。

物語論的アプローチとは

こうして、「いじめ」と呼ばれる現象の範囲が拡大していく一方で、この問題が語られる文脈とその「語り口」は驚くほど一元化している。本論文は、近年、「いじめ問題」がどのような文脈のなかで、どのような「語り口」で語られるようになったのか、この「支配的ないじめ言説」に対抗して、われわれはいじめをどのように語りうるのかということについて、物語論的な考察を加えるものである

ここで、本論文の方法論的な立場（物語論的アプローチ）について簡単に説明しておこう。「物語論」は、もともと文芸批評の分野で展開された「物語テキストに関する理論」であったが、今日では、物語を重要な視点ないしメタファーとする学問の立場を総称していると考えてよい。このような物語論の展開にともなって、「物語」の概念も、出来上がった作品としての物語から、「物語る」という仕方で、この世界で起こったことを理解する人間のあり方を言い当てるものへと拡大していった。

それでは、「物語る存在」としての人間に定位し、「物語」という視点から教育を捉えることは、どのような教育研究のパラダイムを切り拓くことになるのだろうか。われわれは、「筋立て」を通して現実と向かい合う。

教育という現実も、それが物語ることによって構成されたものである限り、それを実体化して捉えることはできない。物語論的アプローチは、実証主義的なパラダイムの一元支配に反対し、われわれが教育を語る文脈とその「語り口」について反省することを促す。

このようなアプローチは、いじめという教育問題を扱おうとするわれわれにとって、とくに有効であると思われる。「いじめ問題」は、これまで実に多くの人々によって語られてきた。それがどういう文脈のなかで語られ、どういう「語り口」で語られるかは、誰の視点から語られるのかによってかなり違っており、そのことが、いじめをめぐる論議を錯綜させてきたという面もあるが、かといって、一つの文脈と「語り口」だけが支配的になることは、われわれの「いじめ理解」をかえって歪めていくことになる。本稿では、いじめという「多声的」な現実を、その「多声性」に注意を払いながら読み解いていくつもりである。

二　文脈と視点をめぐる戦い

加害―被害の文脈

「いじめ」は、一九八〇年代になって、子どもの死と結びついた「事件」として報じられることで社会問題化した。このような「いじめ事件」は、人々に強い印象を与えたものと思われる。マスコミがこれを大きく、また頻繁に取り上げたことで、「いじめが深刻化している」という状況規定とともに、その「いじめ」を解釈する枠組み（文脈と視点）が人々の間に浸透していった。痛ましい結末を迎えた「事件としてのいじめ」は、誰にも分かりやすい加害―被害という文脈のなかで、しかも被害者の味方という社会的正義の立場から伝えられたから、人々は、マスコミによって提供された文脈と視点にすぐさま飛びつき、この枠組みで、身近な子どもの世界で起こっているいじめを解釈するようになったのである。

確かに、マスコミで取り上げられた「事件としてのいじめ」を理解するには、この加害者―被害者という単純な構図は分かりやすくて便利である。しかし、子どもたち自身が経験している仲間との関係を、この構図のなかに押し込むのはやはり無理である。彼ら自身は自分のことを加害者とも被害者とも思っていない。一方の当事者を加害者、もう一方の当事者を被害者とするには、いじめを「事件化」するしかないが、子どもたちの間で起こっていることを、いったん、「いじめ事件」として筋立ててしまうと、今度は、その被害―加害という文脈のなかで、誰もが被害者の声を代弁するようになり、物語の政治学によって、強者と弱者の立場が逆転してしまうことすら起こりうるのである。

しかも、マスコミで取り上げられた「いじめ事件」は、やはり何と言っても「突出した事例」である。ところが、こうした「いじめ事件」の報道に影響されて出来上がった「いじめ」という言葉のイメージが、われわれの身近な子どもたちの間で起こっている「軽微ないじめ」の解釈にも微妙な影を落としている。悪ふざけやからかいなどとの境界がはっきりしない「軽微ないじめ」まで、死という結末に至った「突出した事例」と同じように、加害―被害の文脈なかで解釈されてしまうのである。

加害―被害という、唯一の「正しい」文脈のなかで語られる「いじめ」という言葉は、教師にとって、ある種の規範力をもっている。それは、「被害者の味方」として「子どもの世界で起こったこと」に介入しなければならないという規範的要請である。しかし、実際のところ、教師は、このような介入への要請を、昔から言われてきた「子どものけんかに口を出すな」という不介入への要請と重ね合わせながら、「誰に対する、どういういじめなのか」に応じて、あるときには大胆に介入し、あるときには介入を手控えるのである。いじめを大きく扱うのか。それとも小さく扱うのか。いや、そもそも「いじめというメガネ」で見ないのか。それは個々のケースによって違ってくるはずである。いじめを解釈する文脈が一元化し、「いじめ」という言葉を使うことが、一つのイデオロギーとなれば、教師のいじめへの対処の仕方も硬直化していくだろう。

被害者の物語

いじめについて語るとき、われわれは、加害―被害の文脈のなかで被害者の視点に立って語るように誘われる。それは、マスコミが「いじめ事件」を報じるときのスタンスと基本的に同じである。われわれは、「被害者の視点」に立って語ることで、「いじめ問題」についての正統な「語り手」となることができるのである。

最近では、誰もがこぞって「被害者の視点」から語るために、まるで当の子ども以上の被害感情にとらわれてしまった母親の口吻を思わせるような「語り口」が優勢になっている。もちろん、「被害者の視点」から語ることが間違っているわけではない。しかし、だからといって、被害者と同一化した（母親のような）大人がやたら増えて、「被害者の物語」の正当化に加担する者の声だけが大きくなるのはまずい。「被害者の味方」である彼らが、必ず攻撃の対象にするのは、いじめを見抜けなかった、あるいは解決できなかった学校の教師である。学校の教師の責任を追及する彼らの声は大きい。なぜ、彼らの声が大きいのかといえば、それは、彼らが被害者と過度に同一化しているからであり、彼らの筋立てる「被害者の物語」が唯一の正しい物語である（と彼らが信じている）からである。

被害者には、いじめられることで被害者になるという面と、「被害者の物語」に憑かれることで被害者になるという面の二つがある。後者の面は、いわゆる被害者意識と呼ばれているものと考えてよいが、ただし、われわれはこれを子どもとその子どもと同一化した大人との「合作」として捉えるのである。その点を強調して言えば、被害者は「被害者の物語」のなかで「被害者」になるのであって、最初から被害者なのではない。子どもと同一化した大人が筋立てる「被害者の物語」のなかでは、「被害者は救われねばならない」のだから、この大人の「被害者の物語」に憑かれることで、傷ついた子どもは一時的に「救われる」だろう。しかし、長い目で見れば「救われない」かもしれない。彼は自分の身の上に起きたことを、「被害者の物語」に沿って解釈することで、仲間から疎んじられ、そのことをまた被害的に感じ、しかも教師が「救いの手」を差し伸べてくれないことを「恨む」のである。だが、救ってくれないことを「恨んで」いる限り、彼は救われない（進歩がない）だろう。そう考えると、「被害者の立場」に共感する（母親のような）大人がやたら増えることが、本当に子どものためになるのかどうかは疑わしい。

あらゆる子ども同士の関係は、それが「共同的」な関係である限り、お互いにとって都合の良い部分と悪い部分を含んでいる。どちらかが全面的に良くて、どちらかが全面的に悪いということはないし、一方的な加害者や一方的な被害者など、まずいないと思ってよい。大人を巻き込んだ物語の政治学によって、被害者は一方的な弱者なのではなく、被害者であることによって弱者であると同時に強者であることにも注意しなければならない。

では、「被害者の味方」を名のる大人たちのほうはどうなのだろうか。被害者の立場に「共感的」な彼らは、実は、彼ら自身が強い被害者意識をもっており、したがって「救われねば」ならないのだが、そうであればあるほど、被害者と過度に同一化して、加害者や「被害者を救うべき大人」を激しく攻撃するのである。そのとき彼らはまるで「負い目」というものをもっていない。というか「負い目」を吹き飛ばすために、外部の「悪」に対してよけいに攻撃的になるのである。しかし、「被害者の味方」である彼らが、「被害者を救え」という正義を振りかざして「他者」（加害者）を責め立てるとき、ここでも、奇妙な立場の逆転が起こっていると言わなければならない。すなわち、被害者と加害者の立場の逆転であり、救われるべき子どもと大人の立場の逆転である。

定型化する語り口

「いじめ問題」が、誰にも分かりやすい加害―被害という文脈のなかで、誰もが否定できない被害者の擁護という視点から、いつも繰り返し語られるとき、この問題の語られ方は定型化（パターン化）していくことになる。その「定型化する語り口」の基本形は、マスコミによって提供されているのだが、何と言っても、マスコミが取り上げる「いじめ事件」は、「突出した事例」である。その突出した「いじめ事件」の報道に影響されて、われわれがあらゆる「いじめ」をそれと同じ枠組みで語るとき、一方では勇ましいスローガンが、他方ではタブーが生み出されるのである。

ここで一つ、「いじめは絶対にあってはならない」「いじめを根絶しなければならない」というスローガンを取り上げてみよう。このスローガンは、被害者の立場に「共感的」な人々、もっと言えば、被害者と過度に同一化して神経過敏になっている人々によくアピールするものである。痛ましい「いじめ事件」が起こると、あちこちから叫ばれる「正論」である。しかし、少し冷静に考えると、このような「正論」は、「どのようないじめなのか」を限定しないとおよそ現実的でないし、これを真に受けると、かえって教育現場に悪影響をもたらす。教師をとことん追い詰めて疲弊させ、子どもの人間関係を萎縮させせかねないのである。

いじめと呼ばれる現象がどんどん拡大解釈されているなかで、「すべてのいじめを根絶する」ことは現実には不可能だし、その必要性もないにもかかわらず、「いじめはなくならないと思う」というようなことは、口が裂けても言えない状況に学校は追い込まれている。「いじめは絶対にあってはならない」「いじめを根絶しなければならない」というスローガンが、いじめに過剰に反応している人々の心情によくアピールするのは、これらが、一つには、いじめの拡大解釈に手を貸しているからであり、もう一つには、そのいじめを全面否定しているからである。それは結局のところ、いじめと呼ばれる現象の内実をよく見るのではなく、むしろ、何もかもいじめと呼んで、それに適切に対処できない教師を責め立てるためのイデオロギーとして機能しているのである。

教育現場では、「すべてのいじめを根絶する」ことは不可能であるという現実的な立場に立ったうえで、「誰に対する、どのようないじめ」を阻止しなければならないのかを具体的に問う必要がある。そのほうが、「大きなお世話」とも言うべき余計な介入をせず、しかも、限度を越えたひどいいじめに対して断固として対処できるのである。

三　いじめの二つの顔

昔からあった／いまは昔と違う

今日まで、「いじめ問題」をめぐっては、さまざまな言説が流通してきたが、そのなかには、見かけの上で、真っ向から対立し合うようなものまである。たとえば、「いじめは昔からあった」という言説と「いまのいじめは昔と違う」という言説とでは、「いじめ」に向ける眼差しがまるで違っているように見える。すなわち、かたや「いじめは昔からあった」のだから、それほど大騒ぎする必要はないというように、どちらかというと、子どもの世界で起こっていることをおおらかに見ようとしているのに対して、かたや「いまのいじめは昔と違う」のであり、悪質化しているのだから、子どもの世界で起こっていることをもっと注意深く見ようとしている。

「おおらかに見ようとする目」に映る「いじめ」とは、子どもの世界で必ず起こるものであり、ある限界内なら、子どもの成長にとって必要なものでさえある。昔から子どもは、いじめたりいじめられたりしながら育ったのであり、限度を越えた残酷なものにならない限り、大人がむやみに介入すべきではない。

「注意深く見ようとする目」に映る「いじめ」とは、もはや子どもの成長の途上におけるありふれた現象などではない。それは、「絶対にあってはならない」ものである。昔のいじめと違って、いまのいじめは「陰湿」「巧妙」で「歯止めがない」のだから、大人はこれに早く気づき対処しなければ、取り返しがつかないことになるのである。

言うまでもなく、この二つの目のどちらが正しく、どちらが間違っているのかを、一般的に問うてみても仕方があるまい。二つの目は両方とも必要である。肝心なのは、二つの見方を交錯させながら、どちらの見方を「利き目」とした対処が、いま、目の前で起こっていることと「かみ合って」いるのかを、そのつど自分の責任において問うていくことである。

ところが、「いじめは昔からあった」という言説と「いまのいじめは昔と違う」という言説は、どちらのいじめの見方が「正しい」のかをめぐって激しい抗争を繰り広げ、その「言説の抗争」の結果、次第に後者のほうが、「支配的」な言説となりつつあるように見える。いじめを「過大視」しない「いじめは昔からあった」という言説よりも、いじめを「過大視」する「今のいじめは昔と違う」という言説の方が、「被害者の立場」に共感する人々の心情によくアピールするからである。

眼差しの鋭さと鈍さ

こうして最近では、被害者に共感的な人々を話し手とし、また聞き手とするような言説が「支配的ないじめ言説」となって流通している。いじめに過敏に反応するようになった彼らは、被害者の立場を代弁して語ることで「正統な」語り手となり、そして、彼らの筋立てる「被害者の物語」のなかで「被害者」となった子どもたちの話に耳をかたむけるのである。被害者である子どもと被害者に共感的な大人は、お互いに語り手となり聞き手となることで、同じ物語を共有し、それを唯一の正しい物語として正当化し、それ以外の物語の可能性を封じている。

最近、わが国では、「被害者の物語」の正当化に加担する声のみが大きくなり、誰もが被害者の立場から発言するようになっている。とくに気になるのは、痛ましい「いじめ事件」の後に出される、公的な立場にある人々の発言や声明が、いじめに過剰に反応している人々に「向けた」ものであり、それだけ軸が「ぶれて」いるにもかかわらず、これがあたかも公式見解のように一人歩きしていることである。

しかし、一つの立場からのみ語られる「いじめ言説」が支配的となり、それを誰もが金科玉条のように受け取るならば、教育現場でのいじめへの対応は硬直化していくことであろう。それが一番まずい。やはり、「誰に対する、どういういじめなのか」によって、また「どういう種類の、どの程度のいじめなのか」によって、教師の対応は全然違ってくる。教師は自分の責任において、それを判断しなければならない。いじめとして大きく扱うのか、それとも、そもそもいじめというメガネで見ないのか。子どもの間で起こっていることに、大胆かつ迅速に介入するのか、それとも、介入を手控えるのか。どういう子どものどういう問題には鋭い視線を向けて、逆に、どういう子どものどういう問題にはあえて目をつぶるのか、そのつど教師の判断が問われているのである。スローガンや常套句となって流通している「支配的ないじめ言説」は、ただ一面的に、いじめへの教師の介入を要請し、いじめに向ける視線の鋭さを称揚するけれども、残念ながら、余計な介入をする教師ほど、本当に介入すべきところで介入できず、鈍感（おおらか）でよいところで敏感（過敏）な教師ほど、本当に敏感であるべきところで鈍感であるように思う。

どういういじめなのか

それにしても、いじめと呼ばれる現象の範囲がこれだけ拡大しているなかで、教師のいじめに対する対応は、「誰に対する、どういういじめなのか」という具体的な状況によって違ってくる。それだけに、いじめを論じるにあたっては、これを「十把一絡げ」にしない議論が望まれるのである。

いじめの様相は、学齢段階によって大きく異なる。したがって、教師のいじめに対する対処の仕方は、どの学齢段階における「どういう内容の、どの程度のいじめなのか」で相当違ってくる。例えば、中学校段階のいじめは、小学校低学年のいじめとは様相を異にしつつ、その内容と程度において、かなり「幅」のある現象である。しかも、その「幅」の両端で、いじめはいじめでないものと重なり合いながら接している。すなわち、一方の端では、凶悪な「犯罪」行為と接しており、他方の端では、「からかう」という日常的行為と接しているのである。われわれは、これ以上の「いじめ」概念の拡大解釈を防ぐためにも、両端を切断しなければならない。

では、どこまでがいじめで、どこから先がいじめでないのか。その線引きは、理論的には難しくないように思える。学校の外の社会では、れっきとした「犯罪」になる暴行や恐喝まで「いじめ」として扱うのはおかしいし、中学生の男子なら誰もが普通にやっている「からかい」や「じゃれつき」まで「いじめ」と考えるのも間違っている。ところが、このような線引きは、両端のどちら側においても、実は微妙である。いじめといじめでないものはいつも重なり合いながら連続しており、ある一点で明確に区切られるようなものではないからである。それでも教師は、その判断を回避することはできない。それは、同じいじめという言葉で呼ばれながら、それをどれぐらい大きく扱うのか、小さく扱うのか、その判断を回避できないのと同じである。

四　「共同性」に関わる問題

子どもの仲間関係

われわれは「いじめ問題」を、加害―被害の文脈のなかでの「人権問題」としてではなく、子どもの「共同性」に関わる問題として捉えたい。そういう問題関心のもとに、子どもたちの間に起こっていることを見るとき、いじめはそれだけで独立した病理現象というより、子どもの社会性の不足からくる様々な問題の一つである。もちろん、加害―被害という文脈のなかでの、「被害者の救済」という問題関心が間違っているというのではない。そういう見方で大人が直接介入し、一刻でも早く救い出さねばならない子どもがいるのは事実である。いじめを人権侵害問題として見るのが間違っているのではなく、いやむしろ、疑いようがないぐらい「正しい」からこそ、われわれはこれにもう一つの見方を重ね合わせなければならない。いじめっ子もいじめられっ子も、心の底では仲間とつながることを求めながら、友達とうまくつきあっていくことができない。社会性が乏しいのである。

こういうと、被害者（いじめられっ子）に同一化している人々から、「いじめられる側にも問題があるというのか」と批判されるだろう。これまた常套句である。こうして、今日では、いじめっ子の問題はともかく、いじめられっ子の問題について指摘することはタブーになっている。不登校について「誰にも起こりうる」と言わねばならず、「社会性の乏しい子どもが不登校になりやすい」と言ってはならないのと同様に、わが国では、「誰もがいじめられる」と言わねばならず、「社会性の乏しい子どもがいじめっ子やいじめられっ子になりやすい」

と言ってはならないのである。

　深刻ないじめは、小学校高学年から中学校にかけての思春期の子どもの問題であり、その背景には、子どもの社会性の不足がある。もし、この問題に対する根本的な対策があるとすれば、それは、児童期までの子どもに仲間と一緒に群れて遊ぶことの楽しさをしっかり経験させてやることである。幼稚園から小学校低学年までなら、「生きる力」とは、すなわち「遊ぶ力」である、「仲間と一緒に群れて遊ぶ力」であると言い換えて、彼らの生活環境を見直してやることが必要である。

　それほど長年月を要する対策でなくとも、教師が普段行っている学級（の雰囲気）づくりもまた、子どもの社会性の育成という観点から言えば、とても重要ないじめへの取り組みである。学級という「社会生活の場」をどのように築いていくのか、学級の雰囲気をどのように高めていくのか。規律と思いやりのある学級（の雰囲気）づくりを基盤に、いじめに対して「攻めの姿勢」で臨むことができる。いじめを学級の仲間関係を見直していく好機（チャンス）として捉えるのである。

大河内君の担任の手記

一九九四年の十一月に、愛知県西尾市の中学二年生、大河内清輝君がいじめを苦に自殺する事件が起こり[(2)]、その後、これに関連するニュースが連日のように新聞紙上やテレビで報じられた。この事件がマスコミによって大きく取り上げられたのは、何といっても、葬儀のあとでいじめの様子や家族への思いを綴った大河内君の遺書が見つかったからである。

　ところで、遺書が発見されてから二週間後、大河内君の担任であった二六歳の女性教師は、ある新聞社の求めに応じて手記を寄せている。そのなかで彼女は、「『なぜ、清輝君の心の叫びがわかってあげられなかったのか。自分が情けない。自分がくやしい』……ただ、私にできたことは、毎日話しかけたり、近くで給食を食べたりしてあなたに少しでも近づこうとすることだけでした。……なぜ、もう一歩踏み込んであなたの気持ちをくみとってやれなかったのか。」[3]とその悔恨の思いを記している。

この手記は、新聞社の求めに応じて書いた（書かされた）ものである。教師が生徒に反省文を書かせれば、生徒は、教師が書かせたいと思っている内容の反省文を書くだろう。同じように、大河内君の担任だった女性教師は、新聞社（とその読者）が求めているような内容の手記を書いた。それがこの、「なぜ、心の叫びがわかってあげられなかったのか」「もう一歩踏み込んであなたの気持ちをくみとってやれなかったのか」という内容の手記である。彼女は、マスコミが書かせたい内容を書いたのである。

しかし、大河内君を救うために、もし彼女に足りなかったものがあるとすれば、それは彼女がここで書いているもの（カウンセリング・マインド）とは「別のもの」である。その点について、由紀草一は、「これ（手記）はこれでよくできている、と私は思う。マスコミの最大の論調、『どうして清輝君の心をわかってあげられなかったのか』に合わせ、それを正確になぞった詫び状としては、ということである。……担任教師は気の毒だと思うが、私は、『清輝君の心がわかったとしたら、それからあなたはどうしたろうね？』と聞きたい気持ちを抑えることはできない」[4]と述べている。担任教師が手記に書いたことは、確かに、マスコミや、その報道に煽られている人々の求めには「かみ合って」いたが、実は、彼女の置かれていた教育現場とは「かみ合って」いないのである。

「……二十六歳の女性教師は教壇の机に突っ伏して泣いた。悪ふざけするいじめグループを注意しても、よけいに騒ぐ。収拾がつかないまま、終業チャイムが鳴る。職員室でも、また泣いた」。新聞は、大河内君が自殺する前のある授業風景をこのように報じている。いまで言うところの、「学級崩壊」（当時、この言葉はなかったが）である。「崩壊した」学級では、単に授業が成立しないだけでなく、教室が汚れ、備品が壊され、エスケープや遅刻早退が目立ち、誰もが身勝手になり、そして、いじめが起こる。いじめだけが起こるのではない。学級集団（の雰囲気）の「荒れ」「すさみ」を背景に、あらゆる問題が次から次へと起こるのである。こういうとき、「個人」に焦点を当てたカウンセリング的な援助は、どうしても問題の発生に対して「後手」に回らざるをえない。しかも、その事後的対応ですら続出する問題に追いつかず、教師はますます余裕を失い、最初の心がけ（カウンセリング・マインド）とはまるで逆の、「気持ちをくみとってやれ」ない心理状態に追い詰められていくのである。

心理学化する学校

もちろん、「個人」への対応、「事後」的な対応が必要ないというのではない。いったん「いじめ」事件が起これば、そういう「対個人」へのきめ細かい対応が大事になってくるだろう。しかし、問題は二つある。まず第一に、学級集団（の雰囲気）がそこまで「荒れる」のを許した「指導力のない教師」に、いじめられっ子は頼ろうにも頼れないということである。「崩壊した」学級の担任に、打ち明けてみても仕方がないのである。第二に、教師自身が追い詰められており、ほとんど余力が残っていないことである。追い詰められた教師は、いじめのような「やっかいな問題」に関わりたくない。もはや「逃げの姿勢」になっているのである。

だとすれば、教師のいじめへの取り組みとしては、個人的、事後的な対応とともに、学級集団の質を高めるための、先手、先手の取り組み、いわゆる学級（の雰囲気）づくりの取り組みが必ず必要である。

誰もが被害者の母親のようなことしか言えない時代。そういう時代に、カウンセリングは「時代の学問」となっている。マスコミとカウンセリングは、非常に相性がよい。ともに、傷ついた子ども＝被害者の救済という絶対「正しい」立場から、教育「問題」を筋立てているからである。この筋立てのなかで、責められるべきはいつも教師である。子どもの心を傷つけたことで。あるいは、傷ついた子どもを救わなかったことで。そして、教師にも、「傷ついた子ども（被害者）の物語」を共有することを迫る。しかし、子どもは「被害者の物語」の筋立てのなかで理解されることで、ますます「傷つきやすく」なるだろう。こうして、現代の心理学化した学校は、ますます多くの「傷ついた子ども」を生みだしているのである。

「被害者の救済」に重点をおいたいじめ対策には落とし穴がある。それは、緊急対策ではあっても、根本対策ではない。いじめの根本対策は、いじめを子どもの「共同性」に関わる問題として捉えたときに出てくるのである。「共同の場」としての学校のいじめの対策は、「共同存在」としての子どもの「共同性」に関わる問題に、正面から向かい合うものでなければならない。

注

(1) 伊藤茂樹「いじめは根絶されなければならない――全否定の呪縛とカタルシス」今津孝次郎・樋田大二郎編『教育言説をどう読むか――教育を語ることばのしくみとはたらき』(新曜社、一九九七年) 二一四頁参照。

(2) もし大河内君が、自分が受けた仕打ちをいじめではなく暴行、恐喝という凶悪犯罪として捉えていれば、おそらく死ぬことはなかっただろう。大人に助けを求めることができたからである。

(3) 朝日新聞、一九九四年、一二月一四日夕刊。

(4) 由紀草一「学校をいじめてもいじめはなくならない――愛知「いじめ自殺事件」の二週間を徹底検証する――」小浜逸郎・諏訪哲二編著『間違いだらけのいじめ論議』(宝島社、一九九五年) 三五頁。

第七章　教師と生徒の人間関係――転移―逆転移の観点から

はじめに

あらゆる人間関係は「現実的」な関係であると同時に、また幾分かは「幻想的」な関係である。これまで教育学は、教師と子どもの人間関係を「教育的関係」論として主題化してきたが、そこで問題になったのは、どちらかといえば、教師と子どもの「現実的」な感情の交流であった。ところが、心理治療の世界において、治療者と患者の「治療的関係」が論じられる場合、しばしば「転移―逆転移の関係」が「治療的関係」そのものの同義語として使われていることからも明らかなように、そこではむしろ、治療者と患者の「幻想的」な交流の側面に焦点があてられてきたのである。

転移―逆転移という現象が心理治療の場面だけに生じるのか、それ以外の場面でも生じるのかについては議論のあるところである。しかし、一切の幻想を含まないような人間関係はありえないから、程度の差こそあれ、人間関係のあるところには必ず転移―逆転移が起こっていると考えるほうが自然だろう。ただし、治療中の転移は他の人間関係におけるそれよりはるかに強烈であることは間違いない。

もし、心理治療の場面以外で「転移―逆転移」を誘発しやすい状況を探せば、教育の場面は間違いなくその一つであろう。援助を必要としている子どもと援助することのできる大人という、「落差」のある関係の設定自体が、極めて転移―逆転移を誘発しやすいものである。もちろん、われわれは「転移―逆転移の関係」が教育的関係の全体を覆うことができるとは思っていない。しかし、ある種の生徒が教師に対して抱く幻想とその幻想の対象となった「献身的な教師」が生徒に対して抱く幻想を、「転移―逆転移」という観点から捉え直すことは、極めて意味のあることではなかろうか。ただ、われわれは、このような観点から教育的関係においてはたらく非合理な要因を捉えることにあまり慣れていない。そこで本稿では、まず、S・フロイトおよびフロイト以後の転移―逆転移に関する考え方の展開を大まかにたどることからはじめて、次に、教育の実際の場面で、ある種の子どもと「献身的な教師」の間に起こる「関係のもつれ」を「転移―逆転移」の観点から考察し、そして最後に、逆転移の捉え方の違いから浮かび上がってくる、教師の教育的態度の二重性を、従来の「教育的関係」論と関連づけながら論じてみたい。

一　転移―逆転移とは何か

(1) フロイトの著作から

言うまでもなく、「転移―逆転移」の概念は、フロイトの精神分析学の理論から生まれた。フロイトが「転移」という着想そのものを得たのは、次のような出来事によると言われている。[1]あるヒステリー患者に催眠を使って治療していたときのことである。彼女は催眠から目覚めるなり、その腕をフロイトの首に巻きつけてきたのである。しかも、このような経験は何ら例外的なものではなく、治療過程において、多くの患者は治療者に対して一種独特の幻想的なイメージや感情を向けてくることにフロイトは気づいた。そして、彼は『ヒステリー研究』（一八九五）のなかで、この現象を初めて「転移」（Übertragung, transference）という概念で捉えたのである。

もっとも、J・ラプランシュ／J・B・ポンタリスが言うように、われわれは「フロイトのこの概念（転移）

の歴史を辿れば、表明された見解と実際の経験との間にずれが存在する」[2]ことをつねに認めざるをえない。一九〇五年に発表された「ドラの症例」において、フロイトは治療過程における転移の意義について論及しているが、しかしそれは、ドラの治療が中断に終わった原因を反省するなかで、その原因が「適切な時期に転移を処理することができなかった」[3]ことにあったと思い至ったからである。彼は、この症例報告のなかで、転移について、「転移とは何か。それは分析の進展によってひき起こされる衝動や空想の再版ないし複写である。しかしそれは、人生早期のある人物を医師という人物に置き換えるという固有な特性を備えている」[4]と明快に述べている。注目すべきは、転移が「分析治療にとって最大の障害」であると同時に「最も強力な治療手段」でもあるという、いわば転移の二重性格とでも言うべきもののうち、この時期までのフロイトは、明らかに前者の側面により多く目を奪われていたという点である

一九一〇年の講演において、フロイトは、患者からの影響によって治療者に無意識のうちに生じる「逆転移」(Gegenübertragung, counter-transference)の存在に言及し、そして、「いかなる分析医も彼自身のコンプレックスや内的抵抗が許容する範囲でしか分析の仕事を進めることができない」[5]と、逆転移を避けるためには、治療者もまたたえず自己分析を深めていかねばならないことを主張した。

フロイト自身の手による転移—逆転移に関する最初のまとまった解説は、一九一二年の『転移の力動性について』という論文においてなされた。フロイトによれば、人間は誰しも、その幼児期に、彼の愛の生活をどのように生きていくかについての、特色のある型を身につける。そして、この原型は彼の生涯のあいだに何度も繰り返し現われてくるのである。この愛の生活において経験される感情の動きのなかで、完全な発達を遂げて現実に向かい合い、意識的人格が支配するのは、そのごく一部分にすぎない。愛情欲求が現実によって満たされていない人々は、新しく自分の前に現われるすべての人間に、幻想的な期待を寄せるのだが、これは、幼児期の原型に執着し、この原型と現実の相手とを何らかの類似点において結びつけようとする現象である。[6]例えば、治療者に対する父親像の転移は、ある程度までは、治療者と患者の現実の関係に対応していると言えるが、しかし、それが

しばしば「冷静かつ合理的と考えられる程度と性質を超えて、過熱する」[7]のは、こうした転移が単に意識的な期待によるだけでなく、抑圧され、無意識となった期待によってても生みだされるからである。

さて、同じ論文のなかで、フロイトは、「陽性」転移と「陰性」転移という二種類の転移を区別し、さらに陽性転移を、意識化しうる友好的な、あるいは親愛的な転移と、無意識の性愛的な転移とに分けた。このなかで、治療上の「抵抗」となりうる転移は、陰性の敵対感情の転移と、抑圧された性愛感情の陽性転移の二つである。それ以外の、例えば、治療者に対する信頼や好意といった、意識化の可能な陽性の転移感情は、治療者が患者に人間的な影響力を及ぼすのに必要な資源としてそのまま保ち、治療の成功の担い手とすべきである。ところが、このように「陽性」と「陰性」の転移を一応区別してみたものの、実はこの両者は、同時に同一人物に向けられることがしばしばある。このような感情のアンビバレンスは、ある程度までは正常である。表面に現われた「陽性」の態度の裏に、「陰性」の転移が隠されていることはよくあることだからである。しかし、フロイトも言うように、高度のアンビバレンスはまさに神経症者に特有のものである[8]。

フロイトは、一九一五年の『転移性恋愛について』という論文のなかで、治療上の「抵抗」となりうる典型的な転移として、とくに恋愛転移を取り上げて論じている。フロイトにとって、性愛的な転移は、数多くある転移の諸形態のうちの一つというより、あの、女性患者に突然抱きつかれたという、転移の発見のきっかけとなった出来事以来、転移とその取り扱いについて論じる際にいつも念頭におかれている、特別なモデルのようなものであると考えられる。

転移性の恋愛が生じると、患者は、自分の恋情についてのこと以外何も話したり聞いたりしようとしなくなり、治療者が自分の愛情に応えてくれることだけをひたすら要求するようになる。実は、治療的な状況のなかで、このような激しい愛情要求が現われたことには、疑いもなく治療への「抵抗」があずかっているのである。患者はそれまでもっていた治療に対する関心と理解力をまったく失う。しかも、このような変化が起こるのは、決まって必ず、患者が自分の生活史のなかでもとりわけ苦しい、辛うじて抑圧している部分を告白しなければならないか、あるいは想起しなければならなくなったときなのである。つまり、転移性の恋愛は、すべての関心を治療からそらせ、治療者を愛人のレベルに引き下げることでその権威をたたきこわし、二次的に愛情の満足を得ようとするものである。[9]

このような転移性の愛情要求に対して、フロイトは、「分析治療は禁欲のうちに遂行されねばならない」[10]という、いわゆる「禁欲規則」を打ち立てた。「われわれは恋愛転移を、しっかりと抑制し、それを非現実的なものとして治療的状況のなかで解決し、その無意識の根源にさかのぼり、患者の愛の生活のなかで最も深く隠蔽されたものが意識化されつつある状況として取り扱う」[11]。こうした恋愛転移の取り扱いをモデルに、治療者は患者の非現実的な感情に自ら感情的に反応してはならない、治療者は患者に感情的に巻き込まれてはならないという一般的な原則が確立されていくのである。

さて、フロイトは、一九一七年に出版された『精神分析学入門』の第二七講「転移」において、「患者の感情が実は現在の状況から生じたのではなく、また医師の人柄に向けられたものでもなく、すでにずっと以前に体験したことのある感情を今反覆しているのだということを彼に証明することによって、われわれは転移を克服する」[12]と主張し、一方では、転移が「克服」されるべきものであることを認めながら、他方では、その同じ転移が「治療にとっての最良の道具となり、この道具の助けによって、心情生活の固く閉ざされた扉は開かれる」[13]と述べて、転移を治療のために有効に活用しうることを強調している。転移が治療に対する「抵抗」であると同時に治療手段でもあるという二重性格のうち、フロイトがこの時点で、前者よりも後者の側面に力点を移してきていることは明らかである。いや、それどころかフロイトは、同書の第二八講「分析治療」で、「分析作業の決定的な部分は、患者の医師に対する関係、すなわち「転移」のなかで、過去の葛藤の再版を作りだすことによって初めて成し遂げられる」[14]と言って、分析治療が成功するためには、転移が事実上必要であるということを認めているのである。

ところで、『精神分析学入門』の出版と前後するが、フロイトは、一九一四年の『想起、反復、徹底操作』のなかで、「転移神経症」(Übertragungsneurose, transference neurosis)という概念を導入している。ごく簡単に言えば、神経症の形成にあずかっていた幼少期の愛にまつわる葛藤は、治療的関係のなかに移し換えられ、転移神経症に変形する。それは、「病気と健康な生活との間の中間領域」であって、この「人工的な病気」の幼児的起源を患者に洞察させることによって治療は終結するというのである。[15] 転移神経症への言及は、一九二〇年の『快楽原則の彼岸』のなかでもなされ、一九一四年の論文とは治療過程における位置づけが若干違っているが、いずれにせよ、フロイトは、この概念を導入することで転移の取り扱いを精神分析技法の中心に据えたのである。

フロイト自身の手による転移—逆転移に関する最後の評論は、遺稿となった『精神分析学概説』(一九四〇)である。このなかでフロイトは、治療的状況のなかでの転移の出現を次のように描いている。すなわち、患者は、現実の光に照らして分析医を治療者と認めるよりもいっそう強く、幻想的に彼を、患者の幼少期に重要な意味をもった人物の回帰、再現と見なし、これら人々(原型)に対して向けていた感情や反応を、分析医に「転移」するのだ、と。[16] そして、このような転移の出現が、治療に対してどのような意義(利点)と危険をもつのかを考察している。

治療上の利点として、フロイトがまず第一に指摘したのは、転移が陽性のものであるとき、患者が分析医の好意をかち得ようとして、分析医の作業に協力するようになるという点である。陽性の親愛的な転移は、患者の弱化した自我を補強して、分析医との協同作業を可能にする。ただし、それが「性愛化」されるならば、本来の治療目的が忘られることになる。

第二の利点として、フロイトが挙げたのは次の点である。すなわち、患者が分析医を彼の父(あるいは母)の立場におくことは、その人たちの地位にそなわる権威を分析医に与えているのと同じことである。分析医はこの「新しい超自我」ともいえる立場を利用して、両親の誤った教育からきた成長の歪みを、ある種の「再教育」によって訂正できるというのである。しかし、フロイトはこのように言った直後に、この新しい影響力の誤用に対して警告を発している。分析医は、己れの理想に従って患者を教化したいという誘惑をどんなに感じることがあっても、「絶対にそれは、分析的な治療関係における自分の責務でないことを……銘記すべきである。そのような越権を行なえば、分析医は子どもの自主性をその影響によって圧殺した両親の誤りを繰り返しているにすぎないことになる。過去の（両親に対する）依存性を、新たな（分析医に対する）依存性によって置き換えたにすぎない」(17)。われわれはここに、患者を改良し、教育しようというあらゆる努力を行ないながらも、患者の個性を尊重せねばならないで、後者に力点をおいたフロイトの基本的な「治療態度」を読み取ることができるのである。

治療上の第三の利点は、患者が転移という舞台の上で、彼の生活史の重要な部分を、おそらくは言葉で報告する以上に明確に、分析医に対して行動で演じて見せるということである。それは、患者の幼少期の両親に対する関係を知る手がかりとなる。ただし、患者が転移以外の場面で「行動化する」ことについては、フロイトはこれを望ましくないと考えていた。

さて、転移のもう一つの側面、すなわち転移がもたらす治療上の危険について、フロイトはおよそ次のようなことを述べている。転移は、両親に対する関係を再現するものであるから、同時にその幼児的なアンビバレンスをも継承する。だから、分析医に対する陽性的な態度は、いつ急に陰性の、敵対的なものに変わったとしても、不思議はない。たいていは、分析医が患者の非現実的な愛情要求を拒否することが、この陽性転移から陰性転移への急変の契機となる。しかも、このような分析医との関係における経験もまた、患者の幼少期に起こったものの反復なのである(18)。

フロイトによれば、このような転移状況の危険は、患者が、陽性転移から陰性のものへと急変した、治療者に対する自分の感情の動きが過去の反映であることを知らず、新しい現実の体験であると信じ込んでしまう点にある。陰性、陽性を問わず転移が極端となった場合には、治療のための協同作業の継続が難しくなる。そこで分析医は、患者が新しい現実の体験だと思っていることも、過去の反映にすぎないことを繰り返し説明してやらねばならないし、また、その説明を患者が理解できるように、「愛情も敵意もあまり極端に高まり過ぎないように気をつけるのである」[19]。

ところが、ときとして、分析医すらが患者の強い愛情や敵意を現実のものと受けとめて、これに対する個人的な反応を治療のなかに持ち込んでしまうことがある。フロイトは多くの著作で、このような分析医の側からの「逆転移」を戒めている。しかし、もし分析医が、患者の極端から極端へと大きく振れる感情に動じることなく、冷静な態度をとり続け、そして、苦労しながらも転移の本性を患者に教えることに成功するならば、「われわれは、彼の抵抗の手中からその武器をたたき落とし、危険を利得に変化させたことになるのである」[20]。

以上が、フロイトの著作から読み取ることのできる、精神分析における転移―逆転移である。

(2) フロイトの生涯から

これまで、文献の上での転移―逆転移の発見とその解釈の変遷について、ほぼフロイトの著作の年代順に見てきた。ところで、フロイトは『快楽原則の彼岸』のなかで、治療以外の日常的な人間関係のなかに見いだされる転移―逆転移に言及してこう述べている。「あらゆる人間関係が、つねに同一の結果に終わるような人がいるものである。かばって助けた者から、やがては必ず見捨てられて怒る恩人たち。……誰か他人を、自分や世間に対する大きな権威にかつぎあげ、それでいて一定の期間が過ぎると、この権威を自らひっくり返して新しい権威に鞍替えする男たち。……など」[21]。言うまでもなく、このフロイトの指摘のなかに、フロイト自身の姿を見いだすことは難しくない。転移―逆転移は、まさにフロイトの生涯において繰り返し起こり、それを克服することが彼自身の重要な課題であったからこそ、あのように概念化されえたとも言えるのである。そこで、治療の場面以外の、フロイトの生涯に見られる転移―逆転移を、息子ジグムントとして父親的存在との間で経験したそれと、父フロイトとして息子的存在との間で経験したそれとに分け、それらを精神分析学の誕生と発展の過程との関係において考察してみよう。

ウィーン大学の医学部に入学したものの、なかなか周囲の仲間に溶け込めなかったフロイトは、やがて誰よりも尊敬したE・ブリュッケの生理学研究室に入り、そこでようやく「落ち着きと満足を見出した」[22]。惚れこみ型の人間であるフロイトは、指導教授であるブリュッケに深く傾倒し、後に彼の妻となるマルタに、ブリュッケ教授は威厳をもち、幾分自分のおやじを思わせるなどと語ったという。

しかし、苦しい経済状態のために基礎医学の道をあきらめ、意に反して臨床医へと転じたフロイトは、今度はフランスの神経病学者J・M・シャルコーへと傾倒の対象を移した。シャルコーの許への留学中に、婚約者マルタに宛てた手紙からは、当時フロイトがいかにシャルコーを理想化していたかがよく読み取れる。フロイトは、ヒステリーの心因説を重んじたシャルコーの教えに大きな感銘を受け、理想化された「シャルコー先生」への同一化のなかで、情熱的にヒステリー研究に取り組んでいく。

一八七〇年代の終わりに、フロイトはブリュッケの生理学研究室でJ・ブロイアーと知り合った。ブロイアーは、フロイトより一四歳年上のウィーンでも有名な家庭医で、学問上の先輩だっただけでなく、困窮状態にあるフロイトを経済的にも援助してくれた人である。フロイトは、この先輩を敬愛し、彼の手がけた症例や独自の治療法から大きな影響を受けた。ところが、先輩ブロイアーとの長い交友関係も、二人の共著の形で『ヒステリー研究』（一八九五）が刊行された頃には急速に悪化し、やがて完全に断絶してしまう。その表向きの理由は、フロイトが神経症の病因として性的な要素を重視したことに、ブロイアーがついていけなかったためだとされている。しかし、かつてあれほど敬愛し、経済的にも恩義のある相手を、学問上の意見の食い違いだけで、かくも激しく憎むようになることには何か異様な感じをもたざるをえない。この激しい愛情から憎悪への反転の異様さには、フロイト自身の依存と独立に関わる葛藤が深く関与していたと考えるべきであろう。

フロイトは、ブロイアーとの関係が次第に悪化していった頃から、あたかも乗り換えるかのように、ベルリンの耳鼻科医W・フリースと親密になりはじめ、やがて異常と思えるほど傾倒するようになった。フロイトはフリースとの間で頻繁に手紙を交換し合い、そのなかで、自分の新たな着想の一つ一つに意見を求め、夢による自己分析や悩みのすべてを書き送っている。また、「会議」と称して、二人は学問的な話し合いのために、しばしば落ち合っているが、フロイトはこの二人だけの「会議」を、いつも「飢えと渇きに満足を与えるもの」[23]として待ち望んだ。ちなみにフリースは、フロイトより二歳年下で、博学ではあったが、極端に自信が強く、かなり奇妙な「学説」を妄想的に抱いていた人物であり、いまにして思えば、フロイトがあれほどの傾倒ぶりを示したのは不思議というほかはない。おそらく、ブロイアーと別れて孤立無援の状態にあった当時のフロイトには、フリースの与えてくれる評価と称賛が必要であったのであろう。父親的な依存対象からの評価と称賛を欲していたフロイトは、フリースを実際以上にかいかぶり、その偶像化したフリースに評価され称賛されることを自分の支えにしていた、と考えられる。こうして次第にフリースは、フロイトの幻想的な思い入れのなかで、彼の父親的存在となっていったが、まさにこれこそ、父親に対する関係の転移とも言える現象であり、ブリュッケ教授、シャルコー先生、先輩ブロイアーとの間でも繰り返された、若きフロイトに特徴的な人間関係のパターンなのである。

一八九六年の秋、フロイトの父ヤコブが死んだ。フロイトはこの人生最大の危機に、フリースへの手紙のなかで、フリースを分析者になぞらえた自己分析を行なうことで立ち向かった。そして自分の夢の分析を通して、フロイトは亡き父への愛の背後に隠された敵意や対抗心を発見することになるが、その発見は、同時にフリースとの関係をも変化させることになった。すなわち、フリースに対しても父親に対するのと同種の感情を抱いていることに気づくことで、フリースへの惚れ込みは消え、二人の関係は依存的なものから、競争的、対立的なものに変わっていったのである。そして、一九〇〇年の夏、二人は最後の「会議」で衝突し、それ以後二度と会わなくなった。

苦しい自己分析の末に、フリースへの「父親転移」を洞察したフロイトは、「フリース体験」以後、もはや父親的な依存対象を必要としなくなった。精神分析の確立の過程とは、ブリュッケ、シャルコー、ブロイアー、そしてまたフリースといった父親像からの独立の過程でもあった。しかし、われわれはこの時点で、フロイトが完全に依存と自立に関わる葛藤を克服したと考えることはできない。なぜなら、フロイトは今度は自分が父親の立場に立って、自分に依存する息子的存在との間で、この葛藤を繰り返すことになるからである。

『夢判断』（一九〇〇年）への世評は冷たかったが、しかしそれでも、徐々にではあるが、フロイトのもとには熱心な弟子が集まりはじめた。一九〇二年の秋には、フロイトはA・アドラーを含む四人の弟子を自宅に集めて、毎週水曜日の夜に小さな研究会を開くようになった。一九〇六年頃からは、このグループの周囲も次第ににぎやかさを増し、後に精神分析学者として名を残した多くの人々が、新しくフロイトの仲間に加わるようになった。M・クリュルによれば、フロイトの弟子は明らかに二種類に分けられるという。[24]すなわち、第一に、K・アブラハム、E・ジョーンズ、S・フェレンツィなどのように、フロイトの見解に完全に、ないしは表立った留保なしに賛成し、最後までフロイトへの忠誠を尽くした者。そして第二に、いつしかフロイトと対立するようになり、アドラーやC・G・ユングのように、フロイトとの衝突の後「離反」という形でわが道を貫くか、さもなければV・タウスクのように、フロイトとの葛藤の末に自殺などの破滅の道をたどった者である。フロイトは、自分の父親との関係を、そのまま弟子との関わりのなかに持ち込み、父親の立場でそれを再現しようとした。われわれは、多くのフロイトの弟子のうち、最後まで父親フロイトの寵愛を求めた者のなかからフェレンツィを、父親フロイトとの葛藤を「離反」という形で乗り越えようとした者のなかからユングを選んで、彼らとフロイトとの関係がどうなっていったかを、もう少し具体的に見ていくことにしよう。

フロイトに最も可愛がられ、親密な弟子であったフェレンツィは、極めて陽気な性格のもち主で、少年のような無邪気さと鋭い直感力を兼ね備えた人物であった。フェレンツィがいかにフロイトの寵愛を得ていたかは、フロイトが誰よりも多く二五〇〇通もの手紙をフェレンツィに書き送ったことからも分かる。フロイトは、あたかも父親が息子に感じるような感情をフェレンツィに抱いていたし、また、フェレンツィには「フロイトに対する、そしてまた父親の愛に対する度の過ぎた飽くことを知らぬあこがれがつきまとっていた[25]」。

フェレンツィの理論的な関心は、主に治療の技法にあった。彼はフロイトの「中立的」な治療態度より、もっと「能動的」な態度を望ましいものと考えていた。治療者は援助の手をさしのべる親の役割を積極的につとめるべきだ、というのである。注目すべきは、フェレンツィが良しとした治療的関係のあり方は、かつて彼がフロイトとの間に望んだ関係でもあったという点である。すなわち、フェレンツィのフロイトに対する甘えは、ある時期際限のないものになっていた。それに対して、フロイトはあくまでも父親のようなやさしい態度で、フェレンツィが自分に頼りすぎるのをやめさせようとしている。

フェレンツィの治療の技法に関する考え方が、フロイトの禁欲規則を逸脱するものであったことは明らかであるが、フェレンツィ自身はそのことをフロイトに努めて隠そうとしていたし、フロイトも最初のうちは大目にみていた節がある。むしろフロイトの周囲の人間がこの逸脱を騒ぎたて、そしてついに、フェレンツィの死の前年、二人の最後の会談で、フロイトは「フェレンツィが準備した論文は、彼の名声を何ら高くするものではないと考え」、その年の国際精神分析協会の大会でそれを「発表しないでほしいと頼んだ」[26]。ところが、それでもフェレンツィとフロイトとの最終的な決裂は、表立ってはなかったという。フェレンツィは「受け入れられ愛されたいという欲求に……悩まされていた。この欲求ゆえに、フロイトと個人的な関係をもつことが、自分で独自の考えをもつ以上に重要なものだったのである[27]」。

ユングが初めてフロイトを訪ねたのは、一九〇七年のことである。出会ったその日、二人は十三時間の長きにわたって話し続けたという。ユングは、後でフロイトに「あなたの学問を知った人は、楽園の木の実を食べて目が見えるようになったのです」と書くほど熱中し、フロイトもまた、ユングの活発な人柄と豊かな想像力に引きつけられ、やがて彼を自分の後継者と見なすようになった[28]。フロイトはこの若く才能にあふれ、そして何よりユダヤ人でない「後継ぎの息子」が、自分の精神分析を完成に導いてくれることを夢見ていた。フロイトのユングへの並々ならぬ思い入れは、以前からの弟子たちをさしおいて、ユングを国際精神分析学協会の初代会長に推したことにも現われている。しかし、二人の蜜月の関係はそう長くは続かなかった。

ユングは、フロイトの理論の中核ともいうべき小児性欲やエディプス・コンプレックスの理論に対してもともと懐疑的であった。かなり早くからユングのなかに反抗心を嗅ぎ取っていたフロイトは、父親の権威をもって自己の教義を留保なしに受け入れさせようとしたが、それを受け入れるには、ユングはあまりにも「異端者」的な性格をもっていた。二人の個人的な関係は次第に悪化してゆき、一九一三年に開かれた第四回国際精神分析学大会で、ついに不和が決定的となった。終局にあたって、ユングは次のような激昂した手紙をフロイトに書き送っている。「私はあなたにはっきり申し上げておきたいのですが、あなたがあなたの弟子や患者を扱われるやり方は間違っています。あなたのやり方では奴隷のような息子か、さもなければ言うことを聞かないはぐれ者しかできあがってこないでしょう。……そうやってご自分の周りにいる者を全員、息子か娘の水準に引き下げておしまいなのだ。[29]」

以上、われわれは、息子ジグムントと父親的存在との間で、および父フロイトと息子的存在との間で実際に生きられた転移—逆転移の関係を見てきた。精神分析学を確立するまでのフロイトは、父親的存在への依存をたえず必要としたが、この父親的存在からの独立＝精神分析学の確立以後は、今度は逆に、息子的存在からの依存をたえず必要とした。フェレンツィとユングという二人の「息子」——従順な息子と反逆する息子——との関係から見てとれるように、フロイトは、従順な息子にとっては、親切で寛容な「父親」であったが、逆に、自分に反逆する息子に対しては、極めて偏狭で権威主義的な「父親」であったのである。

(3) フロイト以後の展開

これまで、フロイトの著作から読み取ることのできる転移—逆転移の理論と、この理論をフロイト自身の生涯にあてはめて、彼が実際にどのように転移—逆転移の関係を生きてきたのかを見てきた。次に、われわれは、フロイト以後の転移—逆転移に関する考え方の展開について、とくに逆転移の考え方に焦点をあてて少し触れておこう。

フロイトは、逆転移に関しては、これを治療に対する妨害として戒めるだけで、あまり詳しくは語っていない。ところが、フロイト以後、とりわけ一九五〇年代からは、逆転移には治療の「道具」として役立つ面もあるとして、これに多大な関心が払われるようになった。ごく大まかに言えば、逆転移に対する考え方は、治療者の中立的な治療態度を重んじて、逆転移をできるだけ「克服」しようとするフロイト的な立場から、逆転移は、治療者が患者の無意識を理解するための有益な「道具」であり、逆転移による同一化こそ、治療者の患者に対する共感の基底にあるものであるとする、現代的な立場へと変化してきたと言える。しかも、このような考え方の変化は、逆転移の概念そのものの拡張をもたらした。すなわち、患者の転移に対する、治療者の側の「神経症的な反応」を強調するものから、治療者が患者に向ける感情的な反応のすべてを含むものへと、逆転移の概念は拡大したのである。ところが、このような逆転移の概念の拡大にともない、この概念の使用上の厳密さが失われつつあるのも確かである。その点、フロイト派のH・ラッカーの見解は、基本的には現代的な立場に与するものでありながら、逆転移という現象のもつ多様な側面を明確に区別したものとして注目に値する。

ラッカーは、治療者の逆転移を、「神経症的逆転移」と「本来の逆転移」の名で、まず大きく二種類に分けている。[30]「神経症的逆転移」とは、患者の転移に対する治療者の神経症的な反応であり、フロイトが治療の障害として警戒し続けたものである。その起源は治療者の幼児期の未解決の葛藤にあるが、治療者自身はこの幼時的な部分がはたらいていることに気づいていない。そのため、例えば、治療者は自分自身の問題を患者の問題から区別することができなかったり、患者からの攻撃に対して、治療者の態度をかなぐり捨てて「復讐」で応じたりすることになる。

逆転移の非神経症的な側面、つまり、ラッカーの言う「本来の逆転移」は、さらに「融和的（concordand）逆転移」と「相補的（complementary）逆転移」に分けられる。[31]そのうち、「融和的逆転移」とは、治療者が自分の自我と患者のそれを、あるいは自分のイドと患者のそれを同一視することを通して、患者が現在体験しつつあることを理解することである。このような治療者と患者の相呼応する部分の融和は、治療者がそれに気づきうる限り、昇華された陽性の逆転移であり、普通「共感」と呼ばれているものである。例えば、患者が感じていることと同じことを奇しくも治療者が感じて話しだすという場合や、患者の治療中の抑うつ感を治療者が感じ、面接するたびにひどく疲れる場合などがこれにあたる。

次に「相補的逆転移」は、治療者が自分の自我と患者の内的対象、例えば超自我とを同一視することである。ここでは、患者の内的対象（たいていは父親か母親）が果たす役割を、治療者が思わず演じてしまい、患者の内的葛藤を治療者との間の出来事にしてしまうことになる。この場合、そのような役割を演じるのは治療者の失策といえるかもしれないが、しかし、いったんそれに気づけば、むしろ患者の内的対象関係を理解する重要な手がかりになるのである。とはいえ、この相補的逆転移と先に述べた神経症的逆転移を区別することは、実のところ大変難しい。例えば、治療者が患者の内的な父親像に同一化して、患者との関係のなかで父親的な感情の動きを体験したとして、それが果たして「程よい」父親の役割を演じたことになるのか、それとも患者の父親転移への神経症的反応にすぎないのかは、簡単には判断しがたいからである。

ラッカーは、治療者の自我の「不合理な体験をする自我部分」と「合理的な観察をする自我部分」への「健康な分裂」について語っている[32]が、要は、あたかも患者自身であるかのように感じる、その「あたかも」がなくなったり、父親的に感じる、その「的」がなくなって、父親になってしまう場合に、融和的および相補的な逆転移は、治療の障害となる神経症的逆転移と結びつきやすいと言えるのである。

さて、フロイト以後の逆転移に関する考え方を代表するものとして、もう一つだけ、ユング派のA・グッゲンビュール＝クレイグの見解を取り上げてみることにしよう。

グッゲンビュールによると、ある人が病気になった場合、「治療者―患者」という両極的な元型が布置されることになる[33]。病者は自分の外にいる医者を求めつつ、同時に、彼自身のなかにいる治療者（治療的要因）をも活性化させる。どんな医者も、患者のなかの治療者（治療的要因）が存在しなければ病気を治すことはできない。しかも、病者のなかに治療者がいるだけではなく、医者のなかにも患者が存在しているのである。

ところが、「治療者―患者」元型のもつ両極性を維持し続けていくことは、医者にとっても患者にとっても容易なことではない。元型の二つの極の間の緊張に耐えていくことができなければ、元型の一方の極は抑圧されて、抑圧された極は外界に投影されることになる。こうして、両極性をもつ元型は二つに分裂してしまい、二人の関係は、それぞれが「治療者―患者」元型の片側のみを生きる関係、すなわち、一方の側に、すっかり偉い先生まかせになった依存的な患者がおり、他方の側に、偉そうで支配的な医者がいるという関係になるのである。[34]

それに対して、グッゲンビュールは、「治療者―患者」元型の全体を生きてゆく医者のイメージとして、古来からある「傷ついた治療者」を挙げている。[35] 医者は、両極的な元型の一方の極（「患者」）に同一化して傷つき、その痛みを病者と共有することになる。ところが、そこで分裂した元型を再度統一しようとする試みを放棄して、彼自身が「傷ついた患者」になってしまうならば、「傷つかない治療者」であるほうが、まだましかもしれない。かといってまったく「傷つかない」ままなら、「小さな暴君」となって患者を支配してしまうことになる。このように「傷ついた治療者」のイメージは、非常に逆説的ではあるが、逆転移における同一化と対象化、「同じ者」として相手に共感すると同時に「対立する者」として相手を観察し操作する二重の関わりを、一語で巧みに表現するものになっているのである。

二　教育場面における転移―逆転移

(1) 過大な期待と「裏切られ体験」

これまで見てきたような転移―逆転移の現象は、心理治療の場面で最も顕著に見られるものであるが、しかし、程度の差こそあれ、学校現場の教師と生徒の間でもかなり頻繁に起こっているものである。というのは、学校において教師は、子どもの成長に関心をもつ大人として、援助を必要としている子どもに関わるが、まさにその点で、心理療法における治療者の立場に重なる部分が大きいからである。考えようによっては、教師と生徒という関係は、心理治療における治療者と患者の関係以上に、親と子の関係に近いと言えるかもしれない。少なくとも、世間からは「熱心さ」や「情熱」を当然の美徳として期待され、しかも、本来彼らを守るべき空間と時間の制限があってないような、極めて曖昧な枠組みのなかで子どもと向き会わねばならない学校の教師は、ある意味では転移―逆転移から生ずる危険にほとんど無防備のままでさらされていると言うことができるのである。

そこで以下に、教育の場面における最も典型的な転移―逆転移の現象として、ある種の生徒が教師に対して抱く幻想と、その幻想に巻き込まれた「献身的な教師」が生徒に対して抱く幻想が、いかに二人の「教育的」関係をこじらせ、この関係を「教育的」ならざるものに歪めていくのか、その過程を少し詳しく見ていくことにしよう。

ここで「ある種の生徒」とは、自分に特別に親切にしてくれる大人に対して、常識の域を超えた過大な期待を抱いては、やがて期待通りに動いてくれなくなった相手に幻滅し、「裏切られた」だの「見捨てられた」だのと恨みつらみ（ルサンチマン）を募らせたり、怒りを爆発させるタイプの子どもである。彼らは、相手にどの程度期待してよいものか、その「程のよさ」が判断できない。危うげで、頼りなげな彼らにほだされて、ほっておけなくなった「献身的な教師」に、彼らは不当に過大な期待を抱く。「先生はぼくの味方だ」「先生だけが、ぼくのことを分かってくれる」。ところが、このような全面的に「良い」対象イメージを転移された「献身的な教師」は、「私が何とかしてやらねば」、「この子のことを分かってやれるのは、私だけだ」という熱意を一層強めながら、その熱意が、生徒に「好かれたい」「感謝されたい」という自己愛の欲求に由来するものであることに気がつかない。そして、彼のほうでもまた、「これだけしてやるのだから」という一方的な期待を生徒に対して抱くのである。

特別に「愛される」ことを求める生徒が教師に対して抱く期待と、生徒に「好かれたい」「感謝されたい」と思う教師が生徒に対して抱く期待が、ともに教育的状況から当然とされるものを超えてふくれ上がるのは、それらがいずれも自己愛の欲求に由来する転移―逆転移から生じたものだからである。

とはいえ、最初のうちこそ、教師も生徒もお互いの期待に「何とか応えよう」とするものである。しかし、その期待は常軌を逸したものであるだけに、しょせん、生身の人間には「応えきれない」。例えば、幻想的な期待のなかで、先生は何でもしてくれる、何でも分かってくれると思い込んだ生徒は、このような期待に乗せられて、全能的な親の役割を演じようとする教師に、だんだんその特別扱いへの要求をエスカレートさせ、無理難題をもちだすようになる。彼らは、まるで教師の「寛容さ」をためすかのように、次から次へと教師にとって受け入れがたいことをしでかす。場合によっては、彼らを擁護し続けることが、学校内でのその教師の立場を悪くするかもしれない。こうして、窮地に立たされた「献身的な教師」は、最後には、彼らを背負いきれなくなるのである。

他方、生徒からの幻想的な期待に乗せられた教師は教師のほうで、「これだけしてやるのだから」「分かってくれるはず」「良くなってくれるはず」という幻想的な期待を生徒に対して抱き、また実際に生徒は、この飽くなき教師の期待に応えるかのように、一時的には見違えるほど良くなるが、しかし、いかんせん長続きしない。やがて教師の期待を負担に感じるようになり、この期待に応えきれなくなるときが必ずくるのである。

こうして、教師と生徒の間の順風満帆のハネムーンとも言うべき陽性転移—逆転移の時期は終わりを告げ、それに代わって激しい陰性転移—逆転移の時期がやってくる。教師と生徒は双方ともに、次第に、相手の期待に応えきれない自分に対しては無力感を、自分の期待通りに動いてくれない相手に対しては「失望」「幻滅」を感じるようになる。たいていは、まず生徒が自分の期待を満たしてくれなくなった教師に幻滅し、激しい怒りや憎しみの感情を抱きはじめる。そして、このような陰性の感情を向けられた教師もまた、人間の自然な情として、これに対応する陰性の感情を生徒に対して抱くようになるのである。生徒は自分の期待を裏切った教師を「見損なった」と思い、「あいつだけは許せない」と怒りを感じる。教師は教師で、自分の親切を無にした生徒に対して「あんなやつはダメだ」「見損なった」と思い、恩を仇で返すかのように逆恨みしてくる生徒には「あいつだけは許せない」と怒りを感じる。こうなるともはや、二人の関係は「教育的」な関係ではなくなっている。一方の怒りや憎しみに対して、他方が「復讐」で応じるような関係は、断じて「教育的」な関係ではないのである。

この種の生徒が起こす転移の特徴は、陽性転移と陰性転移の間で、一方から他方へと突如として転換がはかられるため、同じ教師がある時には「心酔」の対象となり、ある時には「幻滅」の対象になるというふうに、短期

表6-1

［心酔］	――→	［幻滅］
「良い」対象像	――→	「悪い」対象像
「悪い」対象像		「良い」対象像
↓ splitt off		

間に転移像がまったく逆転してしまうという点である。この場合、生徒は教師を良いところと悪いところを併せもつ全体的な人間として経験するではなく、全面的に「悪い」対象像を分裂・排除（splitt off）して全面的に「良い」対象像を転移するか、あるいは全面的に「良い」対象像を分裂・排除して全面的に「悪い」対象像を転移するか、そのいずれかになる。実は、このような全面的に「良い」か「悪い」かに分裂した対象関係と、極端から極端への転移感情の急変（心酔――→幻滅）こそ、この種の生徒が幼少期以来、「認識されていない逆転移」の犠牲者との間で繰り返し再現してきたものなのである。

(2)「空回りする熱意」の背後にあるもの

それにしても、ある種の「献身的な教師」が、「気の毒な生徒」「可哀相な生徒」に対して特別に心を動かされ、過剰に何とかしてやりたい、助けたいという熱意にかられるのは何故だろうか。もちろん、いかなる場合でも、教師の熱意は必要であろう。ただ問題なのは、その熱意が自己愛の欲求に由来する「認識されていない逆転移」から生じている場合である。彼らは、自己愛の欲求を満たすために（あるいは、自己愛の傷つきを癒すために）、生徒から「理想化」されることを必要としている。確かに、生徒による教師の「理想化」は、教師にとって心地よいものである。とりわけ、教師が学校という組織のなかで一人浮いていたり、あるいは教師自身が青年期に孤独であったとか、幼少期に母親に十分受け入れられなかったと感じて育った場合には、なおさらそうであろう。自己愛的な教師は、生徒から「感謝され」「称賛され」ることで、自分の存在の不確実感をぬぐいさり、生徒に「好かれ」ることで自分のことを「好き」になることができる。その意味では、非常に逆説的ではあるが、生徒こそ教師を養っている転移的母親であると言えるかもしれない。[36] だが、もしそうだとすると、「理想化されなくなる」ことは、母親に見捨てられるのと同じように教師

（の自己愛）を傷つけることになる。この種の「献身的な教師」が、生徒に「好かれ」たいと願うあまり、馴れ合いの「生徒の側に立つこと」しかできず、また、その見かけ上の物分かりのよさにもかかわらず、「脱―理想化」を目指した生徒のいかなる健康な試みにも苛立ちを覚えるのはそのためである。こうして、本来「子どものため」の関係であるはずの「教育的」関係が、教師自身の「見捨てられコンプレックス」のせいで、およそ「教育的」ならざるものに歪められていく。最も「献身的」で「情熱的」な教師が、実は、「子どものために」ではなく「自分のために」働いているのである。

しかし、自己愛の欲求を満たすために、相手から「理想化」されることを必要としているのは、何も教師だけではない。教師と生徒はともに自分が「理想化」した相手から「理想化」されることを必要としているのである。自己愛的な教師と自己愛的な生徒は、それぞれが相手を自分の自己愛の拡張のために利用し合っているのであって、このようなもたれ合いの関係は一時的に燃え上がることがあっても、すぐに冷めていかざるをえない。お互いの「見捨てられコンプレックス」が共振れすることで急接近した二人の関係は、また同じコンプレックスが共振れすることで、にがにがしい失意と憎悪のうちにやがて崩壊するのである。

自己愛的な教師は、生徒の転移に触発された逆転移のために、自己愛的な生徒は、教師の逆転移に触発された転移のために、知らず知らずのうちに、それぞれがかつて母親との間で味わった、幻想的な期待―見捨てられという心理的体験を反復する。母親に受け入れられなかったと感じて育った教師は、自分が母親にしてほしかったことを気の毒で可哀相な生徒にしてやることで自分自身が心理的な満足を得ているが、しかし、それは生徒によって理想化されている限りのことで、生徒が教師を現実的に見始める（「理想化しなくなる」）や、そのような教師は途端に傷ついてしまうのである。また、幼いころに母親に拒否され見捨てられたと感じて育った生徒は、教師に対して全面的に「良い」母親の役割を期待する一方で、あたかも教師のなかにかつての母親の態度と同じものを見いだそうとするかのように、その教師を怒らせ、愛想をつかせることに躍起になるのである。そして、この生徒の完全に矛盾する母親役に耐えきれなくなった教師は、最後には嫌気がさして「それなら勝手にしろ」

と差し出した手を引っ込めてしまう。これこそ、かつての母親（全面的に「悪い」母親）と同様の仕打ちであって、生徒の側から言えば、またしても裏切られ体験、見捨てられ体験の反復なのである。

この種の生徒は、援助の手を差し出してくれる大人との別れの経験を、自立、出発、卒業というコンテキストのなかで体験することができない。彼らが本当に立ち直るためには、教師という「新しい対象」を相手に、依存と分離の経験を「裏切られる」「見捨てられる」というコンテキストではなく、それとは別の新しいコンテキストのなかで体験し直さなければならない。しかし、そのためには、教師には、たとえ全面的に「良い」対象像を転移されても増長することなく、また逆に、たとえ全面的に「悪い」対象像を転移されても「復讐」で応じないだけの、必要な冷静さを保ちつつ、なおかつ生徒を暖かく見守り続けていくことが求められるのである。言い換えれば、生徒のプラスの幻想にもマイナスの幻想にも巻き込まれることなく、彼らの幻想が薄れていくまでじっと耐えていくこと、とりわけ、生徒が教師を現実的に見はじめたことと結びついた、「小さな幻滅」にも余裕をもって耐えていくことが求められるのである。

とはいえ、このことは教師にとって、なかなか容易にできることではない。例えば、教職に就いたばかりの若い教師は、多かれ少なかれ自分の仕事に自信をもつために生徒からの過大評価＝プラスの幻想を必要としており、それだけ、逆転移に巻き込まれる危険性が高いと言えるからである。この危険性を回避するためには、教師は自己愛的な過信を戒め、慢心しがちな自分をたえず警戒することが大切である。しかし、教師にとってもっと大変なのは、何といっても肯定から否定へと転移像が急転した後の、マイナスの幻想に耐えていくことであろう。このとき、教師に向けられる怒りや憎しみの強さは、その直前にどれだけ生徒に過大な期待感や思い入れを抱かせたかに比例する。前に、生徒から「理想化される」ことは教師にとって気持ちのよいものであると述べたが、ある意味では、転移感情の急転によって、教師はいったんは「理想的な教師」という幻想に酔いしれた「ツケ」を支払わされているのである。しかし、「ツケ」にしては、その支払いはあまりにも大きいと言わねばならない。というのは、生徒の教師に向けられる怒りや憎しみには、幼少期以来ずっと自分が不当に扱われてきた恨みも重ねられているからである。この「濡れ衣」とも言える激しい陰性の転移感情に耐えていくことが、果たして自己愛的な教師にできるものなのだろうか。むしろ、こういう事態に至る前に、そもそも親切や優しさの安売りによって、生徒に過大な期待感や思い入れを抱かせないこと、そして、大変な生徒については一人で抱え込まず、他の教師との連携をつねに心がけることが大切であろう。

これまで、われわれは「子どものため」を思う「献身的な教師」の熱意の背後に、自己愛的な動機があること、彼らはどんなことをしてでも生徒に「好かれたい」「感謝されたい」と思うあまり、結局は、必要な距離を保つことができず、「教育的な」関係を歪めてしまうことを見てきた。しかし、考えてみれば、生徒の「情にほだされる」ことが、いつも悪い結果を招くとは限らないはずである。そこに教師の「気づき」さえあれば、生徒によって感情的に動かされることは、むしろ高い共感性の現われとして、「教育的な」関係にとって必要なもの、教育という仕事に携わる大人にとって望ましい資質であると考えられるのである。だとすれば、われわれは、教師の職業的な危険として、「逆転移に巻き込まれること」とは逆方向の、「逆転移に巻き込まれることへの過剰防衛」とでも言うべきもう一つの危険も認めないわけにはいかないのである。

(3) もう一つの落し穴――逆転移への過剰防衛

われわれがフロイトに関する文献を読んでいてしばしば驚かされるのは、フロイトが治療態度について表明した見解と、彼が実際に患者に対してとっていた態度との間には大きなずれがあるということである。フロイトは、あれほど理論的には患者の転移に巻き込まれることを戒め、中立的な治療態度を強調していたにもかかわらず、実際の治療的関係のなかでは、かなり患者の「情にほだされ」やすく、たびたび逆転移を起こしては感情的な中立性を保てなくなっていたのである。例えば、有名な「ねずみ男」の症例。フロイトは、この症例において、患者ねずみ男の亡父への「喪の仕事」を助けることで、自分自身の亡父への「喪の仕事」を完遂しているが、これは明らかに、自分と同じ苦悩を抱えた人物への逆転移のなかで遂行された「喪の仕事」である。あるいは、「狼男」の症例。ここでもフロイトは、自分によく似た境遇の、また愛されたい気持ちの人一倍強い患者狼男に対して明らかに逆転移を起こし、その結果、医師としては、ずい分打ち解けた距離のない接し方をしているのである。

このように患者の境遇や気持ちに極めて同化しやすく、またいわゆる治療的野心の強かったフロイトは、自分自身のそうした性格傾向の対極にある治療態度を心がけることで、患者との「程よい」関係を築くことができたと考えられる。だとすれば、フロイトが強調してやまなかった禁欲規則や中立性の原則は、どうやら彼の弟子たちに対してだけでなく、まず誰より自分自身のこのような性格傾向に対する自戒の意味が大きかったのではなかろうか。

もちろん、われわれは、フロイトが最初どのような種類の患者を治療対象としていたのかという面も見逃してはならない。フロイトはつねにヒステリーの女性患者の性愛的な転移にさらされ、彼女らの幻想から医師としての自分を守らねばならなかった。禁欲規則をはじめとする彼の治療態度は、そのような実践的な課題から要請されたのだと考えられよう。先にわれわれは、フロイトにとって、性愛的な転移は、数多くある転移の諸形態のなかの一つというより、いつも念頭に置かれている特別なモデルのようなものであると述べたが、フロイトの治療態度に関する主張もまた、このような性愛的な転移をモデルに、それに対して治療者がとるべき態度という観点から考えられたものである。

このように見てくると、われわれがフロイトの治療態度に関する主張を受け止めるにあたっては、彼自身がどういう性格傾向の持ち主であり、当初どういう患者を治療対象としていたのかといったことをコンテキストにして、これを受け止めるべきなのである。

ところが、もし、そのコンテキストが違えば、これとはまた別の治療態度が強調されなければならないはずである。事実、フロイト以後の治療態度に関する考え方は、逆転移解釈の変遷とも結びついて、治療者の中立的な治療態度を重んじて、逆転移をできるだけ「克服」しようとする古典的な立場から、むしろ、逆転移による同一化こそ、患者への理解や共感の基底にあるものだとして、より「能動的」な治療態度を推奨する現代的な立場へと変化してきたのである。一般に、ある治療態度に関する主張が意味をもつのは、つねにそれが説かれる一定のコンテキストにおいてであり、そのようなコンテキスト抜きに、「中立的」な治療態度が正しいとか、より「能動的」な治療態度が正しいとかを言ってみても仕方がないのである。

教師の典型的な職業上の危険、教師の陥りやすい落し穴は、一つではなく二つである。一つは、生徒の転移感情に「巻き込まれて」、必要な距離を保てなくなるという、前に述べた「献身的な教師」の落し穴であり、もう一つは、感情に「巻き込まれる」ことを過度に恐れるあまり、生徒との距離を縮められなくなる「防衛的な教師」の落し穴である。これを教師のライフサイクルに関連づければ、前者は、若手の教師の陥りやすい落し穴であり、後者は、ベテラン教師の落し穴であると言えよう。そもそも、教師が年齢を重ね、経験を積むことは、生徒との間に「自然な距離」をつくり出すのであって、この教師のライフサイクルの変化とともに、教師の側から心がけるべき距離のとり方は変わってくるはずである。ベテラン教師の落し穴は、教師としての自分を守るためにとってきた防衛的な態度が、いわば「性格の鎧」となって身についてしまい、やがて、あらゆる教育活動の前提であったはずの、生徒への「共感性」を失ってしまうことである。こうしてわれわれは、教職に就いて何十年というベテラン教師のなかに、若手の頃陥りがちであった危険に対して過度に自分を防衛し続けた結果、生徒に共感する力をまったく衰弱させてしまった人たちを数多く見いだすことができるのである。彼らは、いかにも生徒を寄せつけないぞといわんばかりに、いつも不機嫌そうな仏頂面で腕組みをしているが、われわれはその姿から、教師が新しい教職のライフステージに応じて、生徒との関係の結び方を変えていくことがいかに難しいことであるかを窺い知ることができるのである。

三　転移―逆転移から見た「教育的関係」論

(1) 二重の関わり、健康な分裂

われわれは前節で、まず、フロイト的な逆転移の捉え方（逆転移は治療の「障害」であり、「克服」すべきものである）に従って、ある種の「献身的な教師」が、その「認識されていない逆転移」のために、生徒との関係をいかに「歪んだ」ものにしていくかを考察し、そして次に、現代的な逆転移の解釈（逆転移による同一化こそ、「共感」の基底にあるものである）を手がかりに、「防衛的な教師」が、「逆転移への過剰防衛」のために、生徒との関係をいかに「不毛な」ものにしていくかを見てきた。このように、逆転移をどう捉えるかという問題は、どのような生徒との関係の結び方や距離のとり方を心がけるべきか、という教育的態度の選択の問題と密接に結びついているのである。

逆転移の二つの捉え方は、逆転移（Gegenübertragung, countertransference）という言葉の、gegenおよびcounterという接頭語の二つの含み、すなわち、「対して」（対抗、反対）という意味と、「近くに」（近接、類似）という意味に、それぞれ対応するものである。そのどちらの側面を強調するかによって、教師のとるべき教育的態度がまったく逆になるということは、われわれに、そもそも教師の教育的態度が、両極的な二重性において捉えられねばならないということを教えてくれる。教師は、生徒を援助するために、一方では、「共通の基盤」に立つ者として生徒に「共感」しながら、他方では、「対立する者」として生徒を冷静に観察しなければならない。ここで、とくに注目したいのは、このような教師の二重の関わり方（ラッカーの言う「健康な分裂」）が、いま述べた逆転移の二側面とほぼ対応していることである。教師は、この両極的な二重の立場に堪えていかなければならない。もし、教師がこの両極性の内部に踏みとどまることができず、二重の関わりの一方を放棄するならば、例えば、（馴れ合いの）「生徒の味方」になることで「対立する者」としての側面を放棄するならば、

彼は必ずや「認識されていない逆転移」の犠牲者となるであろう。

このような二重の教育的態度を、「現実」と「幻想」への二重の関わりという視点から眺めればどうなるだろうか。ここで、われわれが注目したいのは、ある意味では、教師は生徒にとって現実的な存在にとどまろうとしながら、別の意味では、あえて幻想的な存在であろうとしている、という二重の関わり方である。教師は、ある程度まで、生徒の転移対象が果たす役割を演じながら、他方では、現実的な教師であり続けようとしている。つまり、親がその子どもに対してするように振舞いながら、同時に、あくまでも教師として子どもの役に立とうとしているのである。

また、この二重の関わり方を生徒との距離のとり方に絡めて言えば、教師は、一方では、生徒との距離を縮めて、生徒につねに近づこうとしながら、他方では、近づきすぎないように、生徒との一定の距離を保とうとしていると言うことができる。ユング派のM・ヤコービは、分析家が心がけるべき二重の「距離感覚」を、「分析家と被分析者との関係は、諺にあるように『一フィート内へ、一フィート外へ』ということである」[37]と簡潔にまとめているが、教師の「距離感覚」も二重の方向性をもつという点ではまったく同じである。すなわち、教師は、生徒の感情に触れるために、生徒との関係の内へと入ろうとしながら（「一フィート内へ」）、同時に、目の前で起こっていることを「余裕をもって」眺めるために、生徒との関係の外へと出ようとしている（「一フィート外へ」）のである。

われわれはもはや、二重の関わり方のどちらか一方だけを、つねに「正しい」と考えることはできない。責任ある教師は、この教育的態度の両極的な二重性のなかで、どちらの極にウェイトをおくべきかを、そのつど相手により状況に応じて、柔軟に変えていかなければならない。前に述べたように、教師の年齢や経験もまた、そのような状況を構成する条件の一つである。もし、教師が年齢を重ね、経験を積むにつれて教師側から心がけるべき教育的態度が変わるとすれば、つまり、両極的な二重性のなかでのウェイトのおき方が変わるとすれば、われわれは、従来の若手からベテランへという直線的な成長モデルをもはや維持できず、教師にはそれぞれのライフステージでの完成があるという、新しい成長モデルを取り入れなければならないであろう。

(2) 治療的関係と教育的関係

さて、教育学の分野において、教師と子どもの人間関係についての研究は、わずかに精神科学的教育学の伝統を除いて、必ずしも主要な関心事ではなかった。もっとも、教育的関係をめぐる実践的関心とそれと結びついた理論的反省の萌芽は、はるかに昔から存在していたが、それを「教育的関係」論として主題化し、「その意義の全き自覚をもって」教育理論の中核に据えたのは、やはり何といってもH・ノールである。

ノールの「教育的関係」論と、フロイトやフロイト以後における「治療的関係」に関する議論を比べてみて、一見して明らかに違うのは、前者が後者ほど、教師と子どもの感情の交流を「幻想的」なものとは見ていないという点である。これは、考えてみれば至極当然のことで、正常な子どもと教師がとり結ぶ人間関係とそこでの感情の交流は、フロイトの時代のヒステリー患者や現代の自己愛性格者のような、何らかの病的な人々がとり結ぶ関係や交流と比べれば、はるかに「現実的」で、相互に噛み合っており、それだけ「幻想」によって歪められている度合いが少ないからである。とはいえ、あらゆる人間関係が「現実的」であると同時に、幾分かの「幻想」を含んでいることは、もはや否定できない。ちょうど、治療的関係が、単に「幻想的な関係」（転移—逆転移の関係）だけで成り立っているわけではなく、そこに「現実的な関係」（治療同盟もしくは作業同盟）が平行しているように、教育的関係もまた、幾分かの「幻想的な関係」によって覆われているのである。しかも、とりわけ「思春期」という「難しい年代」は、おそらく（幼少期を除けば）一生のうちで最も「自己愛的」な時期であり、このような「自己愛的」な生徒との教育的関係は、治療的関係ならずとも、多分に「幻想的な関係」とならざるをえない。D・L・フィンケルとW・R・アーネイは「あらゆる個人的な関係のなかには、少なくとも四人の「人物」が居合わせている。すなわち、（その四人の「人物」とは）あなたと私、そしてあなたの転移対象と私の転移対象である」[38]と述べているが、教育的関係もまた、あなた（生徒）と私（教師）の「現実的な関係」であると同時に、生徒の転移対象と私の転移対象の「幻想的な関係」であることを免れないのである。

ところで、ノールには、「フロイトおよびアドラーの経験をとくに考慮した、個人の教育活動のための考察」（一九二六）という注目すべき論文がある。この論文は、一九二六年という発表年からも分かるように、教育学者による精神分析学への言及を含むものとしては、かなり早い時期に書かれたものである。このなかでノールは、フロイト学派の「転移」の概念に触れて、「家庭内での幼少期の人間関係の経験が、その後の他の人間との関係に大きな影響を及ぼすということは、私には全く正しいと思われる」[39]と述べながら、しかし、そのようなことは、すでにペスタロッチがはっきり主張していた、と言い切っている。そして驚いたことに、先の引用の直後で、人間の自立的な関係――そこには教育的関係や治療的関係も含まれる――をリビドーという生物学的エネルギーに還元して説明するのは無理であり、それは、やはり「誤った自然科学的な考え方の残滓である」[40]とかなり手厳しい（しかし的確な）批判を加えている。

ここでわれわれは、ノールが、一方では、リビドーのような擬似科学的な考え方を拒否しながら、他方では、フロイトの「転移」概念を極めて「現実的」に解釈しているということに気がつくのである。

それにしても、このような「転移」概念への直接的な言及が、一九二六年になされたということには、やはり驚かざるをえない。しかし、もっと驚かされるのは、ノールの「教育的関係」論が、最初から、教育的態度の両極性を前提に構想されていたという事実である。ノールは、家庭における「母と子の関係」と「父と子の関係」をモデルに彼の「教育的関係」論を構想しており、したがって、二重の教育的態度の一方の極を母性的態度として、それを補完する他方の極を父性的態度として特徴づけている。「教師の子どもに対する関係は、いつも二重に規定されている。すなわち、現実の子どもへの愛と子どもの目標、理想への愛によって」[41]。母親は、「現実の子どもへの愛」に基づいて、客観的世界が課す厳しい要求から子どもを守護しようとするのに対して、父親は、「子どもの目標、理想への愛」に基づいて、客観的な諸要求の代理者として子どもの前に立つ。家庭教育をモデルに、母性的態度と父性的態度によって特徴づけられた教育的態度の二重性は、学校教育での教授の場面では、文化の客観的要求と子どもの主観的生命との間の独特な緊張関係を生みだす。教師は、子どもに対しては文化を代表し、文化に対しては子どもを代表するという二重の立場、つまり、一方では「文化の代理者」であり、他方では「子どもの擁護者」であるという二重の立場に立たざるをえない。それはまた、視点を変えれば、教師がつねに、子どもを形成せんとする「文化意志」と、子どもの自発性と固有の本質を前にした「差し控え」との両極的な葛藤のなかに立たされているということである。

母性的態度と父性的態度、「子どもの擁護者」としての立場と「文化の代理者」としての立場、このような教育的態度の両極的な二重性のなかで、責任ある教師は、その時々の状況に応じて、どちらの極にどの程度のウェイトをおけばよいのか、その「程合い」を瞬時に決定しなければならない。ノールは、このような「正しい程合い」に対するセンスを、「教育的タクト」と呼んだ。責任ある教師とは、タクト豊かな教師である。まさしく、「至るところで程合いが問題であり、そしてここでは合理的に決定するための客観的基準はないのであって、教育者においては彼の最も繊細な道具であるところのタクトだけが頼りである」[42]。

ところで、両極的な二重性における「正しい程合いの決定」は、必ず教育的関係のなかで発現するのだから、タクトの問題はまた、「教育的関係における不可欠な距離の決定」と結びついているはずである。教育は、教師と子どもの間に「適正な距離」があってはじめて効果をあげることができる。この「適正な距離」、近づきすぎず、離れすぎないという教育的「距離感覚」を、教育学上の問題として最初に扱ったのも、やはりノールである。教師はつねに、子どもとの距離をなくして一体になろうとする方向と、反対に自らを教師として貫徹させるために距離をとろうとする方向との、両極的な緊張関係のなかに立たされている。しかも、教師にはここでも正しい距離を決定する客観的基準は与えられておらず、頼りになるのは彼の教育的「距離感覚」としてのタクトだけなのである。

以上、われわれは、ノールが教師と子どもの感情の交流をあくまでも「現実的」なものと見て、この交流を「幻想的」なもの見ることはあまりなかったにもかかわらず、彼の「教育的関係」論は、最初から、教育的態度の両極的な二重性を前提に構想されていたことを見てきた。

ところが、残念なことに、ノールが教師と子どもの「教育的関係」やそこでの「教育的距離」を最初に教育学的に扱って以降、この主題は教育学の分野ではあまり深められていない。むしろ、精神医学や心理療法の分野における「治療的関係」や「治療的距離」に関する研究から学ぶべきものが多くなっているのが現状である。では、なぜ、その後の教育学研究において、ノールの端緒を引き継ぎ、この主題を深めるということが十分なされなかったのだろうか。

その理由はいくつか考えられるが、一つには、教育学研究における科学主義的な方向が、もっぱら確実な知(検証可能な知)に到達するために、その核心において実験操作の手が届かない「教育的な関わり」の経験を切り捨ててきたということが大きいと思う。教育学の「厳密」科学への要求によって、われわれの学問の取り扱いうる範囲は、不当に狭められてきたのである。

二つ目の理由としては、教育学研究における広い意味での政治主義的な方向が、両極的な構造をもつ「教育的な関わり」を、黒か白かという択一的な発想で捉えようとしてきたということが挙げられる。われわれの政治主義化=スローガン化された教育「認識」は、つねに見かけ上の一貫性を求めるために、教育の両極性をそのまま持ちこたえられず、たいてい安易な二者択一を決め込むことで、「教育的な関わり」のリアリティーを捉え損なってきたのである。

そして第三に、このような科学主義と政治主義の方向が、大学における教育学研究の深刻な実践からの乖離をもたらしたということが指摘できる。いや、むしろわれわれ自身の実践音痴が、教育学研究における科学主義と政治主義を招いたと言えるかもしれない。というのは、科学主義にしても政治主義にしても、「教育的な関わり」という直接的な経験を切り捨て、そのリアリティーを捉え損なった結果だからである。

ところが、近年、このような教育学研究のあり方にも、徐々に変化の兆しが見え始めているように思う。

まず第一に、「教育的関係」という主題が本格的に取り扱われるには、それに相応しい知のあり方、すなわち、

「臨床的な知」がわれわれの学問のなかに浸透していかねばならないが、そもそも、教育学をこのような「臨床的」な学問として構想しようとする努力が最近目立ってきた。そうした努力のうちの一つは、明らかに、科学的に加工される以前の経験を、人間によって経験されるままに、それが具体的な状況のなかでもっている自然な意味から捉えようとする現象学の根本的な動機を受け継ぐものである。

第二に、教育の逆説性についての認識が深まるにつれて、われわれの教育「理解」の枠組みそれ自体が反省されるようになってきたということが指摘できる。ある主張が意味をもつのは、つねにそれが説かれているコンテキストにおいてであって、そのコンテキストについての反省を含まない理論は素朴であると言わねばならない。そこから、例えば、何らかの教育「問題」を取り扱うに際しても、その問題の見え方への関心、つまり問題を問題たらしめているコンテキストへの関心が強まっているのである。

第三に、教育学研究における理論と実践の乖離という問題を巡っても、状況は少し変わってきた。最近の大学教授法に関する研究の隆盛に見られるように、われわれ自身が大学教育に携わっているのだから、われわれの教育学研究も、まずこの足許での教育実践から出発すべきであるとの反省が起こっているが、実は、このことが、今後の大学での教育学研究のあり方に与える影響は大きいのではないかと思う。さらに、もう一つ。全国の教員養成系大学に大学院が設置されたことで、「現職教育」の機関としての大学の役割が高まり、大学の教育学研究者が、否応なしに小中高の教師と触れ合わざるをえなくなったことの影響も大きいと思う。現職の教師が抱えている問題や悩みを的確に把握し、これに適切な援助を与えていこうとする努力の積み重ねが、実践から遊離した大学での教育学研究のあり方を徐々に変えていくのではないかと期待できるのである。

おわりに

フロイトおよびフロイト以後における「治療的関係」に関する議論から、われわれが学べるものは多いと思う。

「転移―逆転移」という観点から、教育的関係において働く非合理な要因を捉えることは意味のあることである。しかし、ちょうどフロイトの逆転移の捉え方とフロイト以後のそれとの強調点の違いから、治療的態度の二重性、治療者の二重の関わり方が鮮明に浮かび上がったように、「治療的関係」に関する議論と「教育的関係」論を重ね合わせ、その共通点と相違点を明確にすることで、それぞれの関係の特質を浮かび上がらせることもできるだろう。例えば、治療的「距離感覚」と教育的「距離感覚」は、二重の方向性をもつという点では同じでありながら、その二重性のなかで、援助者がどういう距離のとり方を心がけるべきかは、治療的状況と教育的状況におけるのとではかなり違っているはずである。われわれは「教育的関係」という主題を深めるために、「治療的関係」に関する議論から学びつつ、あくまでも教育的状況に立脚した学問を構築しなければならないのである。

最後に、もう一つだけ言っておきたいことがある。それは、逆転移に対する教師の「気づき」の問題である。果たしてすべての教師が、自分が逆転移を起こしていることに気づきうるのだろうか。それに対する答えは、残念ながら、「問題のある」教師ほど気づかない、少なくとも生徒の転移に巻き込まれている当座は気づかない、という否定的なものにならざるをえない。最も気づかなければならない教師が、最も気づかなければならないときに気づかないのである。「問題のある」教師とは、誤解を恐れずに言ってしまえば、「不幸な教師」である。いや教師だけに限らないのかもしれない。心理療法の世界であれ、社会福祉の世界であれ、援助する立場にある人自身が「不幸」であるとき、その人の援助のあり方は、「認識されていない逆転移」によって歪められざるをえない。クライエントがいなくなれば、自分自身がノイローゼになってしまうカウンセラー。生徒から感謝され、称賛されることではじめて、自分のことを「好き」になることのできる教師。彼らはどうしようもない自己の存在の不確実感に悩まされており、ひょっとしたら、そのような「不幸」から救われるためにカウンセラーになり、教師になったのかもしれない。対人援助の仕事に従事しようとする人は、「他人のために」役立とうとしながらも、その人を自己愛の拡張のために利用する必要のない人、「自分を楽しむ」ことのできる人でなければならないと思うのである。

註

(1) L・シェルトーク／R・ド・ソシュール、長井真理訳『精神分析学の誕生——メスメルからフロイトへ——』岩波書店、一九八七年、一七五—一七六頁参照。
(2) J・ラプランシュ／J-B・ポンタリス、村上　仁監訳『精神分析用語辞典』みすず書房、一九七七年、三三三頁。
(3) S・フロイト、細木照敏／飯田　真訳「あるヒステリー患者の分析の断片」『フロイト著作集5』人文書院、一九六九年、三六三頁。
(4) 同前書、三六一頁。
(5) S・フロイト、小此木啓吾訳「精神分析療法の今後の可能性」『フロイト著作集9』人文書院、一九八三年、四八頁。
(6) S・フロイト、小此木啓吾訳「転移の力動性について」『フロイト著作集9』人文書院、一九八三年、六八—七〇頁参照。
(7) 同前書、七〇頁。
(8) 同前書、七五—七六頁参照。
(9) S・フロイト、小此木啓吾訳「転移性恋愛について」『フロイト著作集9』人文書院、一九八三年、一一八—一一九頁参照。
(10) 同前書、一二〇頁。
(11) 同前書、一二二頁。
(12) S・フロイト、懸田克躬／高橋義孝訳「精神分析入門(正)」『フロイト著作集1』人文書院、一九七一年、三六六頁。
(13) 同前。
(14) 同前書、三七五頁。
(15) S・フロイト、小此木啓吾訳「想起、反復、徹底操作」『フロイト著作集6』人文書院、一九七〇年、五六頁参照。
(16) S・フロイト、小此木啓吾訳「精神分析学概説」『フロイト著作集9』人文書院、一九八三年、一八一頁参照。
(17) 同前書、一八二頁。
(18) 同前書、一八二—一八三頁参照。
(19) 同前書、一八三頁。
(20) 同前。
(21) S・フロイト、小此木啓吾訳「快感原則の彼岸」『フロイト著作集6』人文書院、一九七〇年、一六一—一六二頁。
(22) E・ジョーンズ、竹友安彦／藤井治彦訳『フロイトの生涯』紀伊国屋書店、一九六九年、四八頁。
(23) 同前書、二〇四頁。
(24) M・クリュル、水野節夫／山下公子訳『フロイトとその父』思索社、一九八七年、二五八頁参照。

(25) E・ジョーンズ、前掲書、二八二頁。
(26) P・ローゼン、岸田秀／富田達彦／高橋健次訳『フロイトと後継者たち〈下〉』誠信書房、一九八八年、一一七頁。
(27) 同前書、一一六—一一七頁。
(28) E・ジョーンズ、前掲書、二五七—二五八頁。
(29) W・マグァイア編、平田武靖訳『フロイト／ユング往復書簡集〈下〉』誠信書房、一九八七年、三三四頁。
(30) H・ラッカー、坂口信貴訳『転移と逆転移』岩崎学術出版社、一九八二年、二五〇頁参照。
(31) 同前書、一九〇—一九三頁参照。
(32) 同前書、八五頁参照。
(33) A・グッゲンビュール‐クレイグ、樋口和彦／安渓真一訳『心理療法の光と影』創元社、一九八一年、一一八—一一九頁参照。
(34) 同前書、一二〇—一二一頁参照。
(35) 同前書、一一九、一二四—一三一頁参照。
(36) ハロルド・F・サールズ、大森和宏他訳『逆転移1』みすず書房、一九九一年、二五頁参照。
(37) マリオ・ヤコービ、氏原　寛／丹下庄一／岩堂美智子／後浜恭子訳『分析的人間関係』創元社、一九八五年、一五五—一五六頁。
(38) Finkel, D.N./Arney, W.R., *Education for Freedom. The Paradox of Pedagogy*, Rutgers University Press, 1995, p.65.
(39) Nohl, H., Gedanken für die Erziehungstätigkeit des Einzelnen mit besonderer Berücksichtigung der Erfahrungen von Freud und Adler (1926), in: *Pädagogik aus dreißig Jahren*, 1949, S.154.
(40) Ibid.
(41) Nohl, H., *Die pädagogische Bewegung in Deutschland und ihre Theorie*, Frankfurt/Main, 1935, 8 1978, S.135-136.
(42) Nohl, H., *Die Bildung des Erziehers, in: Ausgewählte pädagogische Abhandlungen*, Ferdinand Schöningh・Paderborn, 1950, 1967, S.80.

第八章　「ほめ」と「叱り」の現象学

一　方法論的立場

人間は単に「在る」のではなく、つねに世界の内に「理解しつつ在る」。われわれはこの「理解」の背後に遡ること、つまり、何もまだ理解しておらず、そこからはじめて理解を作りうる状態に立ち還ってみることはできない。このような「先行する理解」の仕上げが「解釈」である。一般に考えられているように、解釈した後に理解がはじめて生じるのではなく、われわれは解釈されるべきものをそれのもつ意味においてすでに理解している。ところが、意味はつねに全体における意味、つまり意味連関であって、われわれはこのような意味連関の織りなす世界の内に住んでいるのである。本研究が定位する人間は、このような「理解しつつある世界＝内＝存在」という具体的な人間である。

従来、行動主義に由来する「学習」心理学は、生命体《オーガニズム》の行動と賞罰（正負の強化因）との機能的連関について、多くの知見をわれわれに与えてくれた。しかし、賞罰、「ほめ」と「叱り」はそれを与える側にしても受け取る側にしても、一つの「意味」を担ったものであり、「世界に開かれた」(weltoffen) 人間の間柄に起こる出来事なのである。だから、「世界」を抜きにした賞罰理論や「ほめ」「叱り」の理論、言い換えれば、「ほめ」「叱り」

がそこでなされる「状況」との有意味な連関を欠いた理論は、もはや決して臨床的とは言えず、そのような理論を教育現場に直接に「応用」しようと考えることは、およそ短絡的と言わねばならない。

賞罰、「ほめ」と「叱り」は、動物の「学習」行動における単なる刺激以上の人間的「行為」であり、したがってこれを「没」状況的に問うてみても仕方がない。現実の具体的な子どもが「状況―自己理解的」存在として、単なる刺激に対する反応体でない限り、賞罰、「ほめ」と「叱り」は必ずしも彼に一様の結果をもたらさないからである。被教育者である子どもは教育者との関係のなかで、自己と自己をとりまく状況を理解しつつある。しかも教育者は、この子どもの特定の状況の外側にいるのではなく、これをともに構成しつつ刻々と子どもの「状況―自己理解」にあずかっているのである。本研究は、ある状況のなかで賞罰、「ほめ」と「叱り」に教育的な意義があるとすれば、そのような状況を構成する意味連関が何であり、何がこの意味連関の条件になっているかを、現象学的に明らかにするものである。

二　賞罰の前提

ここで、賞罰の「前提」というは、ほめる者とほめられる者、叱る者と叱られる者との間の人間関係と、その人間関係を規定する情感的前提のことである。前述したように、賞罰が「世界に開かれた」人間の間柄に起こる出来事であり、人間関係という状況のなかで「意味」を担う行為だとすれば、賞罰の内容や与え方を問う前に、まずそこで賞罰が行なわれる人間関係の特質こそ問われなければならない。「ほめること」「叱ること」は、うまくいくこともあればうまくいかないこともある。それぞれ何故そうなったのかは、何をほめ何を叱ったかの賞罰の対象の問題でもあり、「ほめ言葉」「叱り言葉」の内容の問題でもある。また「ほめ方」「叱り方」の技術の問題でもあろう。しかし、最も本質的には、何よりもまず「ほめること」や「叱ること」がそこで行なわれた人間関係の問題である。同じことを、同じように「ほめたり」「叱ったり」しても、誰が誰に向かってそうするのか、つまり二人の人間関係の情感的前提の如何によってまったく結果が違ってくるのである。

「ほめ」と「叱り」は、一般に「上下の人間関係」にあって優位者から劣位者に向かってなされる行為である。それは大人同士の対等な人間関係においては本来通用しない。「ほめる」「叱る」という行為は、「ほめ言葉」や「叱り言葉」の内容が伝える字義的なメッセージと同時に、「ほめ」や「叱り」を与える側が、力関係において「自分が上位であること」ことをもう一つのメッセージとして伝えているから、大人の対等な人間関係においては、その対等な関係自体を脅かす――例えば対面を傷つける――ものとして相応しくないのである。その意味で、賞罰を与える権限をもつのは、「力の落差」のある人間関係において、賞罰を受け取る側から優越した者として見上げられる「権威者」のみである。言うまでもなく、「世代のずれ」は最も明瞭な「力の落差」であるから、親や教師は、子や生徒にとって典型的な権威者として立ち現われるはずである。しかしここで問題なのは、権威はもともと教育者である大人がその内に「もつ」特性ではなく、被教育者である子どもの側が勝手に作り上げるものであるから、もし親や教師が「ほめる者」「叱る者」としての権威を喪失すれば、彼らの「ほめ」や「叱り」の効果はなくなるということである。同じ「ほめ言葉」「叱り言葉」でも、権威ある者から言われるのかそうでないのかによって、「子どもの受け取り方」は全然違うのである。

ところで、権威関係を構成する契機は上述の「力の落差」だけではない。この「落差」によって優位者が劣位者を「援助する」ということが、いま一つの構成契機として必要である。でなければ、権威を同じように優越する者の「力」を背景にもつ権力から区別できないであろう。しかもその援助は「落差の縮小」、つまり劣位者（子ども）の成長・自立を目指すものであり、教育者と被教育者との権威的関係は本質的に「被教育者（子ども）のための」関係なのである。だから、教育者が子どもの前に権威者として立ち現われるということは、彼がその優越性によって支配者然とできるということではなく、子どもの成長と自立を援助する責任を引き受けるということを意味するのである。

さて、権威は子どもをある特定の行為へと動機づける。「ほめ」と「叱り」も本来的には、このような「権威による動機づけ」であって、これを動物心理学の「報酬」と同レベルの「外発的動機づけ」と考えることはできない。権威はつねに相手から承認された権威として自発的な服従をともなうものであり、その意味でこの動機づけは「内発的」である。ただ、子どもは権威によって先取りされた行為の理由を完全に洞察したうえで権威者の「言うことをきく」わけではないから、この意味では「外発的」である。いずれにせよ、子どもが「理由」の分かる範囲で権威者の「言うことをきく」のではなく、権威者の言うことはある意味で絶対的だからこそ、彼の「ほめ」や「叱り」は気まぐれな恣意に基づくものではなく、状況の規範を代弁するものでなければならないのである。

さて、子どもが具体的な問題状況において、個々の「論証」を越えて教育者の「言うことをきく」ということから、教育者を可能な権威の担い手として承認することと、教育者への「信頼の贈与」とが本来一つであることが分かるであろう。それは、教育者の「力」に対する信頼であると同時に、教育者の「存在」（援助者であること）に対する信頼である。もちろん、信頼を贈らなければならないのは権威に服従する子どもの側だけではない。権威を行使する権威者の側でも、彼らの子や生徒を二重の意味で信頼する。すなわち、一方では子や生徒の成長する「力」の可能性を信頼し、他方ではこの可能性を教育者の援助によって実現しようとする彼の「存在」を信頼する。ここで容易に気づかれることは、「教育者に対する子どもの信頼」と「子どもに対する教育者の信頼」との間には、完全な対応・補完の関係があるということである。教育者と被教育者の人間関係は、被教育者の成長――そのことは同時に結果としての教育者の「世話する存在」（E・H・エリクソン）としての成長でもある――のために、「援助ができる者」と「援助が必要な者」が二重に「信じ合う」関係であり、このような相互の「信頼の授受」が、この落差ある人間関係を「権威＝服従」関係たらしめているのである。したがって、相互の信頼関係の崩壊はそのまま直ちに「権威＝服従」関係の崩壊を意味するのである。

いまや、われわれはそこで「教育的」賞罰が行なわれる人間関係の特質を分析するなかで、「権威」と「信頼」という二つの等根源的な情感的前提にたどりついたのである。子どもを最もよく教育的に「ほめ」「叱る」ことのできるのは、子どもから見て「尊敬」と「信頼」に値する大人である。

これまで、われわれは「ほめ」と「叱り」をまったく同列に扱いつつ、どのような人間関係が教育的賞罰の情感的前提として必須であるかを問うてきたのであるが、今度は逆に、「ほめること」「叱ること」がそれぞれ人間関係にどのような影響を及ぼすかについて考察してみよう。

言うまでもなく、「ほめること」は［上位に立つ者が下位に立つ者の］一定の行為や態度を「望ましいもの」として承認し促進することであり、そのことによってひいては、ほめられる当の「人間」への肯定的な認知を伝えることである。だから「ほめること」は、ほめる者とほめられる者の人間関係をより「親和的」なものにすることになる。ここで、関係が「親和的」になるということは両者の間の距離が縮まることだから、下の者が上の者を見上げる権威感情を一見崩壊させかねないという疑念が生じるかもしれない。しかし、子どもの心に響く具体的な「ほめ言葉」は普段から子どもをよく知っていなければかけられないものであるが、実は、子どもにとって「自分のことをよく知ってくれている」ということは、教育者の重要な内的権威の一つ――これを宗内敦氏は「関係性権威」と呼んでいる[1]――なのである。子どもは自分のことをよく知ってくれる教育者の「言うことをきく」ものである。

ところが、「ほめること」によって「親和的」な関係を形成するどころか、かえって逆に「離反的」な人間関係をつくってしまう場合もある。それはどのようなときかといえば、「ほめ」を手段にして子どもの歓心を買おうとする場合である。とくに、若い自信のない教師は、「ほめること」の動機に「子どもからよく思われたい」という自己愛的な要素が多分に含まれているが、このような利己的な動機からする「ほめ」は、子どもから「おだて」として鋭く見透かされてしまうのである。「おだて」はたいてい、子どもの気持ちをよく知らないまま「どうでもよいことを」、抽象的な言葉で「おおげさに」ほめているものである。この場合、教育者は「ほめること」によってかえって子どもの不信を招き、自らの教育者としての権威を失墜させることになるのである。

「ほめ」が「ほめられる者」にとって基本的に「快い」ものであり、本来、ほめる者とほめられる者との間に「親和的」な人間関係を形成するのに対して、「叱り」は最初から、危機的な状況を叱る者と叱られる者との間にもたらすものである。「叱り」が、叱る大人の側からすれば「子どものためを思う」教育的な意図から出たものであっても、子どもの側には、ただ「怒られた」としか感じられず、萎縮したり反発したりするのである。それは「叱り方」がまずいからそうなるということもあろうが、そもそも「叱ること」が子どもの「望ましくない」行為や態度の否認であり、たとえ「人格」攻撃でなくとも現状の阻止として、子どもの内に葛藤を引き起こさざるをえないことからくる自然な反応である。子どもの「反省」は、このような葛藤の一つの正しい克服であろうが、「叱り」の引き起こす葛藤が常に正しく克服され、教育者への新たな信頼が回復されるとは限らない。その意味で、教育者の「叱る」という行為は本質的に冒険的である。教育的行為の冒険的な「賭け」の性格は、罰や「叱ること」において最も際立っているように思われる。

もちろん、このような人間関係の危機的状況を回避するために、一切「叱らない」ということもできよう。事実、戦後の日本の教育において、子どもを「叱ること」はだんだん少なくなってきているのである。この傾向は、教育的人間関係が権威的な上下関係ではなくパートナーの関係と理解されるに従って、ますます拍車がかかっているように思われる。ところが、このような「叱らない教育」を子ども自身は諸手をあげて歓迎しそうなものだが、必ずしもそれに満足していない節もある。「人なみに　叱られてみたい時もある　俺の親父は　俺がこわいのか」という歌は中二の男子が作ったものである。また、あるアンケートによれば「悪いときは、叱ってください」という子どもの回答が大人の予想以上に多くあって、子ども自身の考える「悪いこと」として「ずるいこと」「わがまま」「うそ」などが挙げられていたという。(2) さらに、自分をきつく叱ってくれた恩師こそ、感謝とともになつかしく思いだす卒業生は多いものである。何をやっても何をやらなくてもすべてを許してくれる大人は、子どもにとって乗り越えるべき男性的モデルではない。そのような「物分かりのよい」大人が、本当に自分のことを考えてくれているのかどうかは疑わしいものである。前に、葛藤はつねに正しく克服されるとは限らないと書いたが、それでもあえて、大切な価値を伝達するために「叱る」という冒険的行為に「賭けた」大人が、教育的責任を自覚した教育者と言えるのである。

三　賞罰の基準

「ほめ」や「叱り」は、一定の行為や態度を「よいもの」「望ましいもの」と「悪いもの」「望ましくないもの」に裁定する評価行為である。評価行為であるから、そこには何を「よいもの」「望ましいもの」と考え何を「悪いもの」「望ましくないもの」と考えるかについての、評価の基準が存在する。その基準は、ほめ手・叱り手の側の価値観である。だから、「ほめ」や「叱り」は、教育者の価値観を伝える行為であるとも言える。教育者はほめたり叱ったりするとき、信念をもって大切な価値を次世代に伝えようとし、逆に、人生において何が大切な価値であるかに確信がもてないと、ほめたり叱ったりできなくなる。また、教育者が子どもに伝えようとする価値と彼自身の行動（「しめし」）との間に矛盾があったり、教育者の価値観が社会的に支持されないものであれば、いくらほめても叱っても効果は一向に上がらない。それだけに、賞罰の基準は個人のきまぐれな恣意から出たものではなく、社会の規範に適ったものでなければならず、しかも、教育者自身がまず規範に合致した生活をしていなければならない。

子どもが叱られて「反省する」のは、彼が叱る大人と価値観を共有できるからである。叱る者と叱られる者の双方に共通の価値観が生じなければ、叱ってもいたずらに「逆機能」と呼ばれる反発や憎しみだけ招いて、本来の目的は達せられない。とはいえ、そのことは子どもにいつも「叱る理由」を説明しろということではない。叱るときにはすでに叱るべき行為のなされた状況がはっきりしているものである。そのうえ「何故悪いのか」を説明することに、子どもは「くどさ」を感じることも多い。規範の明確で簡潔な指示があればすむことを、長々と説明したり――叱る理由に自信がないから長くなる――、逆に、理不尽な怒りでもって無理矢理反省を強要することに、子ども自身の価値観は大きく混乱することになろう。

付け加えておけば、怒りの感情をぶつけること自体は未だ「叱り」の成否を決定しない。問題なのは、教育者が本気で叱ったとき、彼が「道理の感覚」の上に立っており、私憤ではなく義憤として、その感情の出どころが子どもに伝わるかどうかなのである。鈴木道太は「本気になった怒りの感情に、子どもが「道理」を感じるか否かは、その怒りが個人的な問題（個人的身勝手）を越えて、社会的な正義感からきているかどうかによる。……父親に本気になって叱られた経験のある子は、かならず成長したあとに、懐かしい愛情の思い出となって生きてくる」(3)と言うが、まさにその通りであろう。

ところで、しつけの基本は一貫性にある。その一貫性は、同じ行為がほめられたり叱られたりしないという、「よい」「悪い」の裁定の内容の一貫性であると同時に、「よい」ことは誰からも「よい」と言われ、「悪い」ことは誰からも「悪い」と言われる「社会的」裁定の一貫性である。後者の一貫性について言えば、今日、家庭においては夫と妻の間で、学校においては教師間で、してよいことと悪いことの共通理解が非常にもちにくくなっているのではなかろうか。

このように、ほめたり叱ったりする内容に社会的な一貫性がなくてはならないのはもちろんだが、さらに、よいことにもよさ加減があり悪いことにも悪さ加減がある。その加減に応じた「ほめ」や「叱り」の与え方に一貫性がなければならない。ところが、「ほめ」や「叱り」を与える教育者の側で、何を大切なものと考え何を些末なものと考えるかの価値のヒエラルキーが転倒していることがしばしばある。例えば、遅刻や忘れ物をすれば厳しい罰を加えるのに、「いじめ」にはおざなりに注意しておくだけだとすれば、それはやはり、叱る者の価値のヒエラルキーが転倒しているのである。普段、些細なことに大声をはりあげて叱っている教師ほど、肝心な道徳的な悪を一喝できないように思う。あるいは、勉強のことでしか叱らないお母さん。彼女はこのことによって、成績だけを絶対と見なす一元的価値観を子どもに植えつけているのである。「勉強だけ」しろと言われて育てられた子どもは、やがて彼自身の価値のヒエラルキーが混乱し「勉強すら」できなくなるのである。

四　賞罰の対象

この節では、子どもの「何を」ほめ「何を」叱るべきかという、賞罰の「対象」について考察する。その際、まず「叱りの対象」を取り上げ、次に「ほめの対象」を論じるという順番で考察を進めたい。

一般に「叱るよりほめろ」と言われながら、教育者には叱る対象の方が目につきやすく、ほめる対象はなかなか目につかないものである。「ほめ」と「叱り」の与え方の難しさを比べた場合、その「逆機能」の大きさから言えば、圧倒的に「叱り」のほうが難しいはずだが、こと「対象の発見」に関しては、「ほめ」のほうが難しいように思う。世には「ほめようにもほめる所がない」などとうそぶいている親や教師が多いものである。そこで、まず比較的分析しやすい「叱り」の対象から考えてみよう。

われわれは、子どもの何を叱るべきであって、何を叱ってはならないのであろうか。この点に関しては、多くの論者が、特定の「行為」を叱るべきであって「人間」の全体を叱ってはならないと指摘している。確かに、われわれは日常の叱責場面で、「宿題をやっていない」と言うべきところをしばしば「お前はなまけ者だ」と言ってしまいがちである。こうして、よくない行為と人間の全体がわけもなくすり替えられてしまうのである。では、何故人間の全体を叱ってはならないのだろうか。それは、子どもの自己イメージを歪め、自尊の感情を破壊してしまうからである。人間は誰でも自分はどんな人間なのかという自分に関するイメージをもっており、それには自分の値うちについての価値感情がともなっている。子どもの健やかな成長にとって決定的に重要なのは、この自分自身についての肯定的イメージと自分の値うちについての好意的価値感情である。ところが、子どもの自己イメージと自尊の感情は、よい意味でも悪い意味でも、周囲の大人が彼のことを「どう思い」「どう扱う」かに依存しているものである。「のろま」「くずだ」という、大人から子どもの人格に加えられた非難の言葉は、しばしば「のろい」の暗示力をもって、子どもに否定的自己イメージとマイナスの自己評価を植えつけ、健やかな成長への芽を摘み取ってしまうのである。叱る者は、叱ることの目的が、間違った行動を正すことにあって、決して子どもに「自分はダメな人間だ」と思わせることではないことを心しなければならない。

さて、どういう行動をどの程度の加減で叱責するのかについては、前節で述べた教育者の価値のヒエラルキーが深く関与している。この点、子どもの「過失」は、その行為の痛手を本人が身に受けている限り、むしろ責任だけとらせてきつく叱責しないほうが、当人の価値観形成にとってより「教訓的」であるように思う。

次に、子どもの何をほめるべきかという、「ほめの対象」の問題を考えてみよう。われわれは、これを一応三つの位層領域に区別してみようと思う。(4)

まず第一に「ほめの対象」として思い浮かぶのは、本人が直接「もっている」特性のなかでも、とくにW・ジェームズの言うマテリアルセルフに関連する領域である。例えば、容貌、スタイル、服装、家柄などがこれに属する。

第二に「ほめの対象」となる位層領域は、本人が「もっている」特性のなかでも、とくにパーソナリティの示す人格的価値に関わる領域である。例えば、行儀がよい、優しいなどの性格特性、頭がよいとかスポーツができるといった能力特性がこれに属する。

第三に「ほめの対象」として指摘できるのは、本人自身のなした行為や生産した業績、およびそのような行為や業績の背後にある彼の価値志向的な心事である。

もちろん、これら三つの位層領域は明確に区別できるわけではない。現実には、互いに移行し重なり合うと考えなければならない。ただ、このように区別することによって、「ほめの対象」がほめられる者に与える影響を少しでも厳密に考えることができよう。

第一の位層領域は、特に積極的な教育的「ほめ」の対象になるとは思えない。このような「ほめ」は、相手の成長を思うよりも、むしろ相手の歓心をかうといったほめる側の自己中心的な意図から出てくることが多いように思う。では、第二の位層領域はどうかと言えば、このようなパーソナリティの特性が、たとえ教育意的意図から「ほめの対象」になったとしても、たいていは「誰にでも通用する」定型のほめ言葉が多く、必ずしもねらい通りの効果をあげていないように思う。しかも、第一と第二の位層領域は、それが物質的であれ人格的であれ、ともに人間の「もちもの」（HAVE価値）に関わるものであるという点で共通である。「もちもの」には必ず、他者との比較のうえで多寡の差がつくものである。だとすれば、これらの「もちもの」に関わる特性だけを「ほめ」の対象とする限り、当然、いつもほめられる子とほめられることのない子が固定してしまうのである。事実、教室にはほめられるべき特性をほとんどもたずに劣等感や無力感に悩んでいる子どもが数多くいる。他方、いつもほめられる子はどうかといえば、こうした比較の上に成り立つ特性をほめられ続けると、優越の自己感情が肥大化し、虚栄心は強いが困難にぶつかったときにはかえって脆い人間になってしまうのである。とはいえ、実際の「ほめ」の場面では、第二の位層領域は次の第三の領域と重なっており、行為や業績といった具体的な事実に即して「もちもの」がほめられることが多い。この場合、子どもはいわば値うち通りにほめられるのであるから、彼の自己評価の尺度を狂わせるとは思えない。ただ、過保護の親にしばしば見られるように、他人と競争させるために露骨に子どもの優越感情を刺激するような「ほめ方」だけは、厳に慎みたいものである。

　こうしてみると、第三の行為・業績とその背後にある心事が、「ほめの対象」として最も相応しいように思う。行為そのもの、業績そのものに即した「ほめ言葉」は何よりも個別的であって、当人にとってほめられる理由が非常にはっきりしている。しかも、先の第一、第二の位層領域を対象とする「ほめ」が、ある意味で子どもの気持ちをまったく把握していなくても、大人の物差しさえあれば可能であったのに対して、第三の位層領域を対象とする「ほめ」は、行為や業績にともなう、表面には現われない子どもの気持ちを汲みとってほめるのである。この場合、他人から見れば特別な行為や業績ではなく、いやむしろ「当たり前のこと」であっても、当人に「やれた」という達成感や成就の喜びをもてたとき、また、自制し忍耐したことに「自分で自分をほめたい気持ち」をもてたとき、その気持ちにすかさず応えてやるのである。ただ注意したいのは、行為・業績をほめることが、結果だけを認めることになってはならないということである。結果だけをほめられた子どもは、「今度はうまくいったけど、もしこの次にうまくいかなかったらどうしよう」と不安になる。結果ではなく成長につながる価値志向的な心事が認められなければならない。このときはじめて、特定の子どもだけが「ほめられる」のではなく、基本的にどの子も「ほめ」に値するのである。

独自の行動カウンセリングの実践で知られる長谷川由夫は、母親にわが子を毎日五回以上ほめることを約束させ、そのほめ言葉を「書いて」提出させている。長谷川によれば、ほめ言葉を「書く」というエクササイズを続けていれば、次第に「上手だね」「おりこうね」といった定型の概念的なほめ言葉が減り、逆に、事実に即した具体的なほめ言葉が増えてくるという。[5] カウンセラーに「書いて」提出しなければならないというさし迫った課題が、母親にわが子のよい所を必死で探させ、探すことによって、彼女のわが子に対する認知世界が変わっていく。これまで「特別にほめてやれることはない」と思っていた母親が、実はわが子の「ほめてもらいたい気持ち」がまったく見えていなかったことに気づくのである。

子どもの自己イメージと自己価値観が子どもの成長にとって決定的に重要であり、「ほめ」が基本的に自己イメージを高め、自信を強める方向にはたらくことを考えるとき、「ほめること」の大切さはいくら強調してもしすぎることはない。ただし、「ほめること」によってかえって歪められた自己イメージと自尊感情（自惚れ）を形成しないためにも、正しく「ほめの対象」が選ばれなければならない。

さて、最も教育的な「ほめ」が、子どもの行為とその背後にある心事を対象とするにしても、では、どの行為のどのような心事が、どの程度の加減でほめられるかは、ここでも教育者の価値のヒエラルキーが深く関与してくる。鈴木道太が述べているように、「親が子どもの行為の中で値うちの低いもの（道徳的価値の低いもの）しかほめる力がなければ、子どもはそれなりに道徳的に低い人間に成長する。親や教師が、子どもの行為の中から道徳的に優れたものを見出す力があり、それをほめたり励ましたりしてやれば、子どももすぐれて道徳的な人間に成長する」[6]のである。

五　賞罰の条件

「ほめ」や「叱り」はうまくいくこともあればうまくいかないこともある。それは、これまで見てきたように、賞罰がそこで行なわれる人間関係の問題であり、ほめ手・叱り手側の価値観の問題であり、子どもの何をほめ、叱るかという賞罰の対象の問題でもあった。しかし、それはまたなかんずく、以下に見るように、「ほめ」や「叱り」の「与え方」、どのようにほめ、どのように叱るかの賞罰の条件の問題でもある。ただし、「条件」といっても、これを細かく見てゆけば、それこそ無数の条件を挙げることができよう。そこで以下では、最も基礎的であると思われる条件を三つだけ取り上げ、順次考察してみることにする。

①即座性

即座性とは、賞罰のタイミングを逃さないことである。ほめるにせよ、叱るにせよ、それに値する行為が生起した直後が最も効果がある。このことは、「学習」心理学の用語では「即時強化の原則」と呼ばれ、実験的にも確認されている。逆にタイミングを逃せば、つまり「ほめに値する行為」と「ほめ言葉」、「叱りに値する行為」と「叱り言葉」の間に時間があけばあくほど、賞罰の効果は少なくなるのである。

これに関連して、賞罰とりわけ「叱り」は、必要以上に長びかないほうがよいということが言える。また、同じことを過去に遡って繰り返し「叱る」のもよくない。「くどい叱り方」「過去のむし返し」はいずれも即座性の条件からはずれており、効果がないばかりか、いたずらに逆機能――反発や憎しみを強めることになろう。ところが場合によっては、時間が経過した後で叱責せねばならないこともあろう。その場合、子どもには、どの行為が叱られているのか状況からは明白でないので、強い叱責よりも静かに言ってきかせることが必要である。

②個別性

個別性は具体性と言い換えてもよい。教育的な「叱り」は、叱られている行為ができるだけ特定の部分に限定され、叱られている者にとって、叱られる理由と同時に改善の方向が明白でなければならない。どの行為が叱られているのか分からないような漠然とした叱責は、叱られている理由と改善の方向が見えないばかりか、自分の人間の全体が否定されたと、子どもには受け取られることになる。

ところで、叱るべきことは教育者の目につきやすいが、ほめることは探さなければ見つからないものである。前に見たように、教育的な「ほめ」が、子どもの行為や業績の背後にある心事への教育者の側からの積極的な応答であるなら、一人ひとりの子どもの心事が読み取れていなければ、教育者は子どもをほめることができないか、ほめても非常に抽象的なほめ言葉になる。向山洋一は「その子にしか通用しない具体的なほめ言葉でほめろ」と言っているが、子どもを具体的な言葉でほめることのできる教育者は、子どもの内的世界がよく見えている教育者である。逆に、ほめられる点を探すことは、子どもの内的世界を知ることに通じている。

③純粋性

純粋性とは、教育者の感じていることと「ほめ」や「叱り」の言葉が一致していることである。つまり。ロジャース風に言えば、「自己一致」していなければならない。教育者が心にもないことをオーバーにほめるとき、子どもはそこに教育者の卑しい意図を嗅ぎとるし、道徳的な悪に対しては、本気で叱られることを子どものほうから望んでいるのである。しかし他方で、一見純粋性の条件と矛盾するようだが、賞罰をはじめとする教育者のはたらきかけには、子どもの受け取りへの効果を計算に入れた「演出」の要素がつきまとうものである。例えば、道徳的な悪への本気の怒りは、教育者が何に対して本気になるかを子どもに思い知らせる意図がある。ただし、この演出は、教育者としての責任の自覚のなせるわざであって、あくまでも教育者の自然な行為――「仕組まれざる演出」なのである。

とまれ実際には、自己一致ということをさほど難しく考える必要もない。先の二つの条件を満たしている「ほめ」と「叱り」はたいてい純粋だし、逆に、正直でない「ほめ」と「叱り」は、ほぼ間違いなくタイミングがはずれ、ポイントがぼけているものである。

註

(1) 宗内　敦「教師の『権威』と『指導力』」青木孝頼・真仁田昭編『別冊指導と評価1　体罰を考える』図書文化、一九八六年、九九頁。
(2) 大橋富貴子「学級内における叱り方」長島貞夫編『ほめ方・叱り方の心理学　児童心理選集8』金子書房、一九七六年、一三三頁。
(3) 鈴木道太『叱ってよい時わるい時』明治図書、一九六四年、六九頁。
(4) 正木　正『道徳教育の研究』金子書房、一九六三年、一八六―一八七頁参照。
高瀬常男『教育的人間学』金子書房、一九七九年、一四九―一五一頁参照。
(5) 長谷川由夫『あなたと子供が出会う本』情報センター出版局、一九八六年、七六頁、一三一頁。
(6) 鈴木道太「賞罰に対する子どもの抗議」長島貞夫編、前掲書、一八八頁。

第九章　学校教育とカウンセリング

一　相異なる「臨床」モデル

学校教育が抱えている様々な問題への対応策として、カウンセリングへの期待が高まっている。一九九〇年代以降、カウンセリングは学校のなかに次の二通りの仕方で入ってきたと言える。一つは、カウンセリング・マインドという言葉の流行に示されているように、子どもに対するカウンセリング的な眼差しと態度を、あらゆる教師に要請するものとしてである。そしてもう一つは、スクールカウンセラーという「こころの専門化」を、外部から学校のなかに導入する試みとしてである。いずれにせよ、この間、子どもたちの問題行動を「こころの問題」として見る眼差しが強まってきたように思う。

もちろん、学校教育とカウンセリングとの関係はいまに始まったわけではない。かつて、一九六〇年代の半ばから約一〇年間、第一次学校カウンセリングブームとでも言うべき時期があった。そのころから、学校のなかにカウンセリングを導入することについては、いろいろな議論がなされてきたわけだが、ここにきて、人々の教育意識が急速に「私事化」「個別化」の傾向を強めるなかで、教育行政サイドからの後押しもあって、先に述べたような二通りの仕方で、カウンセリングが学校になかに入ってくるようになったのである。

学校教育とカウンセリングは、ともに相手の成長を目指した援助であるという点では、非常に相似かよった目標をもちながら、しかし、その目標を実現するための「援助の仕方」ということになると、両者はかなり（ときにはまったく逆ではないかと思えるほど）違っている。この「援助の仕方」の違いはどこからくるのか。それは結局のところ、学校教師とカウンセラーが、それぞれどういう場でどういう人の成長を援助しているのかに、つまり、それぞれが拠って立つ「臨床」モデルの違いに由来するのである。

ここで、やや図式的になるが、それぞれの「臨床」モデルを簡単に比較してみよう。伝統的なカウンセリング理論が念頭におく「臨床」とは、自主的に来談した患者（クライエント）との、治療室（相談室）という特別に設けられた空間と週何時間という制限された時間のなかでの、一対一の治療面接であるだろう。しかし、それは学校の「臨床」モデル（「治療構造」ならぬ「教育構造」、「治療」モデルならぬ「教育」モデル）とは、相当かけ離れたものである。

まず、カウンセラーの人間関係のモデルが一対一の関係であって、したがって彼らのはたらきかけが個人技法的なものを中心とするのに対して、教師の第一義的な人間関係のモデルは、「自分と子どもたち」という一対多の関係である。もちろん、個々の子どもへの取り組みがまったくないわけではないが、学校における教師の教育活動の大半は、学級という集団を相手に行われるものである。しかも、学校教師の役割には「文化の代理人」としての側面があり、子どもたちを彼らが必ずしも好んでいない特定の「あり方」へと導いていかねばならない。子どもたちの教師の指導へのモチベーションは、自主来談した患者（クライエント）の治療（面接）へのそれほど、高くないのが普通である。学校教師は、最近、子どもたちがますます教師の指導に従わなくなったと嘆いている。そのうえ、カウンセリングが制限された空間と時間という、それ自体父性的な枠組みのなかで行なわれ、そのような枠組みに守られてカウンセラーの受容や共感という母性的な接近が可能であるのに対して、教師にとって、彼らを守るべきこのような空間的・時間的な枠組みは、極めて曖昧な形でしか存在しない。教師は教室という日常的な空間のなかで、毎日、朝から夕方まで子どもたちとつきあわねばならないのである。

このように学校教育と治療的なカウンセリングとでは、あまりにも拠って立つ「臨床」モデルが違いすぎる。だとすれば、学校におけるカウンセリングは、ノイローゼの治療法として発展した伝統的なカウンセリングを、そのまま学校に「応用」したようなものであってはならないはずである。およそ、どのような援助活動であれ、それが実際に相手の役に立つためには、その援助の仕方が、そのつど「状況の要求」とかみ合っていなければならない。われわれは、学校における多様な幅をもつ「状況の要求」を、一方の極から他方の極への連続性において捉えようと思う。そのうえで、学校のなかにカウンセリングを導入することがどのような「状況の要求」への責任ある応答なのか、カウンセリングがどういう条件下のどういう子どもの問題に対して有効なのかを、もう少し丁寧に跡づけてみなければならない。

二　対人援助の両極原理

二重傾向

ところで、子どもの「健やかな成長」にとって必要な対人援助の原理は、一つだけではない。言い換えれば、子どもは単一の原理に基づく援助だけで成熟した大人になれるのではない。そこには、一見相反する二つの原理がともにはたらかねばならないのである。いま試みに、この相反する二つの原理を一本の線分の両端でイメージしてみよう。もし一方の端を「父性原理」と呼べば、他方の端は「母性原理」と呼ぶことができる。この手の用語に抵抗感があれば、「厳しさ」と「優しさ」という、もっと平易な言い回しを選んでもかまわない。

ここで、父性原理と厳しさが同じようなものだとか、母性原理は優しさと変わらないなどという乱暴なことを言うつもりはない。肝心なのはむしろ、人間というものがもともと相反する二面性をもつ両極的な存在であり、人間の精神的健康と成熟は、左右の相反する二つの原理（両極原理）のあいだに、どういう「統合」を見いだしていくかにかかっているということである。ただし、その統合を上の線分のイメージで考えれば、線分の中間点で折り合いをつけること、つまり、結局、どっちつかずになることだと考えてしまいがちである。どちらか一方の極に近づくことが必然的に他方の極から遠ざかることになってしまう点は、線分によるイメージの限界である。線分の両端によるイメージは、両極原理の「相反性」やせいぜい量的な配分を理解するには好都合だが、両極原理の「相補性」を理解するには、むしろ、「図と地」という「布置」のイメージのほうが役立つだろう。一方の原理が「図」として前面に出ているときには、他方の原理が「地」として背景でこれを支えている。つまり、ある原理がわれわれに対して意味をもつのは、つねにそれをとりまく一回り大きい「布置」においてなのである。

貧困と「自然な父性」

毎年、冬の受験シーズンになると、予備校の広告が新聞の紙面を飾る。もうだいぶ前のことだが、ある大手予備校の名物講師の「厳しさは愛だ」という言葉が、その予備校の宣伝コピーとして、その講師の迫力のある顔写真とともに載っていた。ところが、その同じ日の新聞に、詩人であり児童文学作家である灰谷健次郎氏の『優しさとしての教育』という新刊エッセイの広告が、新聞の下のほうに載っていた。同じ日の新聞に、対照的な言葉を見つけて面白く感じたのだが、一方は、「厳しさ」こそが（教育）愛であると主張し、他方は、「優しさ」としての教育を説いている。それでは、いったいどちらが正しいのだろうか。実は、それぞれが主張される文脈（状況）においてどちらも正しいと言えるのである。逆に言うなら、文脈（状況）が違えば、どちらも間違っていると言える。受験生がおかれている状況のなかで、ある情熱的な予備校教師の「厳しさ」を前面に出した受験指導が、実は、受験生への共感（優しさ）を前提にしたものであることは容易に分かるであろう。では、灰谷氏の場合はどうだろうか。氏の作品のなかに登場する主人公は、いずれも貧困、病気、被差別などの逆境のなかで育つ子どもたちである。ところで、このような厳しい境遇自体が子どもにとっては、自然な父性としてはたらくのであり、そういう作品舞台の設定（セッティング）のなかで、「優しさとしての教育」という母性的な教育観が最大限に生きてくるのである。ということは、もし舞台設定が違えば、「優しさ」がかえって子どもをスポイルすることもありうる、ということになる。事実、現代の日本の子どもたちが生まれ育つ境遇は、戦前や戦中に生まれ育った世代の大部分が経験し、また灰谷文学の主要な設定でもあった「貧困」という厳しい境遇とは相当にかけ離れており、それだけに、「豊かな社会」のなかで何不自由なく育つ子どもが人為的ではない自然な父性をどこから摂取できるかは、今日の教育を考えるにあたって意外と大きな問題なのである。

「しつけの失敗」

子どもが健全に育つためには、母性原理と父性原理、優しさと厳しさという二種類の原理が、互いに他を前提としながらともにはたらかなければならない。では、もし片方の原理だけが他方の原理を前提とすることなしに一方的にはたらけばどうなるであろうか。母性原理による支えを欠いたまま、父性原理だけが強くはたらき続けるならば、それはover-learning（ここでは「しつけ過剰」と訳しておく）になる。逆に、父性原理を摂取することができず、母性的な甘えをいつまでも断ち切れなければ、それはunder-learning（ここでは「しつけ不足」と訳しておく）になる。ここで注意したいのは、「しつけ過剰」にしても「しつけ不足」にしても、ともに「しつけの失敗」であることに違いはないが、その方向はちょうど逆になるということである。もし「しつけの失敗」にどちらか一方向の可能性しかなければ、教育はもっと簡単であろう。「しつけ過剰」にならないように単に優しく養育するか、あるいは「しつけ不足」にならないように単に厳しく鍛錬すればよいのだから。しかし実際には、一方の原理に基づく援助だけでは教育はうまくいかない。教育が成功するには、どちらか一方が前面に出ているときには他方が背後でこれを支えるという、二つの原理の相補的な共働が必要である。

三　状況への応答責任

さて、先に、学校教育とカウンセリングにおける援助の仕方の違いが、それぞれの「臨床」モデルの違いからくることをみた。しかしいまや、対個人か対集団か、空間と時間の制限の有無、面接と指導へのモチベーションの如何といったことから、さらに一歩踏み込んで両者の違いを考えてみることが可能である。前にも触れたように、伝統的なカウンセリング理論は、成人のノイローゼの治療から出発したものである。たとえ、援助を必要としている相手が子どもであっても、その圧倒的多数は、不適切なしつけに過剰に適応したタイプである。「しつけ過剰」の子どもに対しては、確かに、受容や傾聴といった母性的な援助が求められる。カウンセラーが直面している状況（相手）への応答責任が、そのような援助のあり方をとらせるのである。

ところが、学校教師が教室のなかで圧倒的に直面しているのは、子どもたちの「しつけ不足」からくる問題状況である。このような状況のなかで、なおかつ「社会化の代理人」として、当人が必ずしも望んでいない特定の「あり方」へと、子どもたちを導いていかねばならないという学校教師の職責は、当然、彼にカウンセラーとは違った父性的な援助のあり方をとらせるであろう。

こうしてみると、学校教育とカウンセリングの、対人援助の二つの原理に対する重点のおき方は、ちょうど逆であることが分かる。フロイト（S.Freud）は、精神分析を「教育の後にくるもの」と呼んだそうだが、なるほど、狭い意味での教育と心理治療の関係は、「学習」と「学習の消去」という裏返しの関係である。一方が社会化であれば、他方は脱社会化（個性化）であり、一見したところ、二つの援助的な関わりがまったく相容れないかのように見えるのも当然であろう。

しかし、繰り返しになるが、母性的なはたらきかけは父性の支えがあって子どもの成長に役立ち、父性的なはたらきかけは母性の裏づけがあって子どもの成長に役立つのである。子どもの健全な成長には、「何をしてもよい」（無条件に尊重される）という原理と、「してよいこととしてはいけないことがある」（一定の尺度に従って尊重される）という原理の両方が必要なのである。どちらの原理が正しいのかを「没」状況的に問うてみても、およそ仕方がないであろう。教育には、二つの原理の相補的な共働が必要であり、一方の原理による他方の原理の排斥は、決して子どもの健全な成長に資することにはならない。このような二つの原理の共働は、例えば、学校にあっては、若手とベテラン、学究肌と体育会系、学級担任と生徒指導担当の教師、あるいは養護教諭やスクールカウンセラーなどが、それぞれの役割と持ち味を尊重しつつ、連携し協力し合うことのなかに、その具体的な形を見てとることができるのである。

四　実例としての不登校

定義づけと分類

ここで、これまで述べてきたことを、今日学校が抱えている様々な問題のなかでも、とくに思春期の子どもの不登校（登校拒否）を取り上げて考えてみよう。不登校を考える際にまず問題になるのは、そもそもこれをどう定義するかということである。「定義づけ」の争点をごく単純化して言えば、心理的長期欠席のうち神経症的なメカニズムによって起こるもののみを不登校とするのか（狭義）、それとも、これに怠学傾向のものまで含めるのか（広義）という点にあると言えよう。医者やカウンセラーはどちらかと言えば、これを狭義に定義する傾向がある。つまり、自分たちが多く扱う神経症的なタイプに限定して捉えるのである。

さて、このうち思春期の神経症的な不登校はさらに、「優等生の息切れ型」（Aタイプ）と「過保護による未成熟型」（Bタイプ）に分類することができる。学校現場では、Aタイプ、Bタイプ、そして怠学傾向のものとの見極めが重要になってくる。なぜなら、この三つのタイプは単に統計のうえで実数が多いだけでなく、そこにはたらいている心理機制がAタイプと怠学傾向のものとではちょうど逆方向になるからである。これを、やはり一本の線分でイメージすれば、Aタイプと怠学傾向のものがそれぞれ線分の両端にきて、Bタイプは中間になる。一方の端（Aタイプ）が「頑張りの心理機制」をもつover-learningだとすれば、他方の端は「逃げの心理機制」をもつunder-learningである。母性的な対応と父性的な対応のどちらが前面に出て、どちらが背後に退くかは、線分のどちらの端により近いかで全然違ってくる。ただし、こう言えば見極めも対応もさほど難しくないかのように聞こえるが、実は、現代の家庭のしつけは、子どもへの期待過剰と「甘やかし」とが奇妙に並存しており、最近は、AタイプとBタイプの混合型とも言える子どもが増えている。同様に、神経症的なタイプと怠学傾向のものとの見極めも、実のところは非常に微妙で、対応もそれだけ難しいのである。いや、不登校の子どもに限らず、そもそも現代っ子の特徴が、神経質であって、しかもルーズであるという二側面の由々しき混交にあるのである。

状況と応答のミスマッチ

ところが、この二十数年来、マスコミや書物によって紹介された不登校への対処は、もっぱら純然たるAタイプを念頭においたものがほとんどであった。それだけ、このタイプの不登校のニュース価値が高かったのであり、また、従来の不登校研究が、医療・相談領域からするものに偏っていたということであろう。おかげで、医療・相談サイドから導き出された知見が広く普及し、いまやそれが新たな社会常識となった感さえある。しかし皮肉なことに、そのような新しい常識の形成と教育関係者のより「専門的」な取り組みにもかかわらず、いやそれゆえにと言うべきか、不登校の子どもの数は全体として減るよりも逆にますます増えてきたのである。

このように「不登校」現象は、マスコミが大きく取り上げ、専門家の知見が中途半端に流布するほど深刻になるという悪循環を示しているが、その悪循環は結局のところ、援助の仕方が援助を必要としている状況（相手）とかみ合っていないことから生じたと言うことができる。

近年、欲求への抑制のない子どもの不登校が増えていく傾向にある。このような「現代型」の不登校に対して、治療室や相談室のなかで「伝統型」（Aタイプ）の不登校に有効であった方法を適用してもかえって逆効果であろう。医者やカウンセラーらの専門家の知見は、確かに医療・相談機関を訪れた子どもには妥当するとしても、それを学校教師がまるで金科玉条のように受け取ることは危険である。なぜなら、かつて専門家が念頭においていたような、欲求に対する抑制が過度に利いた息切れ型の不登校は、豊かさのなかでつねに欲求を満たされてきた、今日の平均的な「長欠」児童生徒の実情からかなりかけ離れているからである。

それにしても、以前は誰もが「学校は絶対に行くところ」と考えていたものである。そして確かに、あるタイプのある時期の不登校の子どもにとっては、この常識を解いてやることが適切な援助になる。しかし他方では、逆にこのような常識によってかろうじて現実原則の側に引き止められていた子どもも多数いたのではなかろうか。最近は、学校に行かないことに対してあまり罪障感をもたない子どもが増えており、このような傾向のなかで、治療の枠を越えて非常識を説くことの弊害は極めて大きいと言わねばならない。

もともと、成長への援助の二つの原理に対するウェイトのかけ方は、学校教育と治療とではまったく逆方向になるから、専門家のなかには最初から学校教育を罪悪視する人たちもいる。彼らの学校教育に対する批判は、結果としてしばしば再登校への取り組みにおいて大切な親と教師の連携を妨げてきたように思う。

さらに困ったことに、教師のなかには、この問題を専門機関に委譲して片付いたと考える人たちもでてきた。「切り捨て」とまでもはいかないにしても、どうしていいのか戸惑い、自信を失っている教師は多い。しかし、とりわけ「現代型」の不登校の場合、毅然とした初期対応がとれなかったことが欠席の「長期化」につながっていることを考えると、教師の自信喪失と専門機関への依存もまた、結果として「不登校」現象を加速させたと言えるだろう。

われわれは、このような「不登校」現象のなかに、「問題」を解決するための取り組みが逆にその当の「問題」をより深刻なものにするという悪循環を見ることができるが、しかしまた同時に、この「不登校」現象を通じて、教育が相反する原理の連携と協力を必要とするということをいま一度確認することもできる。というのは、不登校は母性との歪んだ絆による父性の喪失と言うことができるが、母性との否定的な結びつきを断ち切る父性が力を発揮するためには、父性を支える母性がはたらいていなければならないという具合に、父性と母性はつねに互いに絡み合うからである。一般に教育がそうであるように、不登校への援助においても、二つの原理の相補的な共働が必要であり、両極原理の「布置」という観点を欠いた一面的な働きかけは、状況（相手）が違えば必ずや

「意図せざる結果」としての悪循環を生むであろう。

五　実例としての「いじめ」

成長への援助の原理はたった一つではなく、つねに父性原理と母性原理、厳しさと優しさという両極的な二重構造において捉えられること、われわれに求められる援助のあり方（両極へのウェイトのかけ方）は、われわれをとりまく状況の「布置」によって、そのつど決まること、状況とかみ合わない「援助」は問題を解決するどころかかえって拗らせる場合もあること、こうしたことを示すもう一つの実例として、次に「いじめ」の問題を取り上げてみよう。

大河内君事件の衝撃

いじめは、ひところに比べるとかなり減少したと言われ、新聞やテレビなどのマスコミも最近はこれを報じることがめっきり少なくなった。一九八〇年代半ばの加熱した報道から一転して、マスコミはむしろ「不登校」を好んで取り上げるようになったように思う。しかし、このような見せかけの沈静化にもかかわらず、いじめはより目立たぬ形で陰湿化・巧妙化するなど、学校現場において依然として大きな問題であり続けていることは間違いない。

そうしたなかで、一九九四年の一一月に愛知県西尾市の中学二年生、大河内清輝君がいじめを苦に自殺する事件が起こり、これに関連するニュースが連日のように新聞紙上やテレビで報じられた。この事件がマスコミによって大きく取り上げられたのは、何といっても、葬儀のあとでいじめの様子や家族への想いを綴った大河内君の遺書が見つかったからである。その遺書や関係者の証言によれば、大河内君へのいじめは小学校六年からはじまり、自殺の前年の秋ごろからは、四人を中心メンバーとする計一一人の同級生から現金を脅し取られるようになった。取られた金額は総額で一〇〇万円を超える、という。

ところで、遺書の発見から、ということはまた連日連夜の大報道から二週間後、大河内君の担任であった二六歳の女性教師は、ある新聞社の求めに応じて手記を寄せている。そのなかで彼女は、『『なぜ、清輝君の心の叫びがわかってあげられなかったのか。自分が情けない。自分がくやしい』……ただ、私にできたことは、毎日話しかけたり、近くで給食を食べたりしてあなたに少しでも近づこうとすることだけでした。……なぜ、もう一歩踏み込んであなたの気持ちをくみとってやれなかったのか」とその悔恨の思いを記しているが、私には、もしその女性教師に足りなかったものがあるとすれば、それは彼女がここで考えているものとは何か「別のもの」のような気がする。不登校問題に取り組んでいる大学時代の恩師を頻繁に訪ねていたという彼女は、むしろ、平均的な教師以上に子どもの「気持ちをくみとってやれ」るカウンセラー教師だったのではなかろうか。「……二六歳の女性教師は教壇の机に突っ伏して泣いた。悪ふざけするいじめグループを注意しても、よけいに騒ぐ。収拾がつかないまま、終業チャイムが鳴る。職員室でも、また泣いた」。ある新聞は、大河内君が自殺する前のある授業風景をこのように報じているが、一般に、学級という集団そのものが病んでおり、その集団の雰囲気の「荒れ」や「すさみ」を背景にして、授業妨害、非行、いじめなどの問題が続出しているときに、カウンセリング的な援助はどうしても問題の発生に対して「後手」に回らざるをえない。しかも、その対症療法ですら次から次へと起こる問題に追いつかず、やがて教師はいじめなどのややこしい問題をなるべく見まいとする、最初のカウンセリング・マインドとはおよそ逆の心理状態に追い詰められていくのである。

学級集団への取り組み

いじめは、「いじめっ子」「いじめられっ子」という特定の子どもの問題であると同時に、いやそれ以上に、学級集団とその集団が醸しだす雰囲気の問題である。したがって、教師のいじめ対策としては、「いじめっ子」「いじめられっ子」個人への事後的な対応も必要だが、まずは集団の構造そのもの、集団の雰囲気への強い決意をもった能動的なはたらきかけが必要になる。

子どもたちは、最も容易に弱肉強食と差別の世界に組み込まれやすい存在である。しかし実は、だからこそ、最も強く友愛や思いやりの世界に憧れている存在である。彼らは、人生で最も自己中心的な時期を生きているからこそ、自己中心性を否定する考えに深く共鳴するのである。子どもたちは、弱肉強食と身勝手のはびこる集団の構造を自らつくることによって荒れていくが、心の底ではこのいやらしい構造を誰かが破壊してくれることを望んでいる。では、誰が破壊できるのか。それは、弱肉強食と身勝手に代わる新しい原理を打ち立てることのできる教師、クラスのモラルの低下から発生する問題に対して後手に回るのではなく、「攻めの学級経営」でこれに立ち向かえる「指導力のある教師」をおいて他にないのである。

子どもに価値観や信念を伝えようとする教育が正しいのか、それとも特定の価値観をできるだけ伝えまいとするカウンセリングが正しいのか、それを一般的に議論してみても仕方がないであろう。積極的な「生き方の教育」によって、集団のモラルを高めていく教師の姿がたとえ非カウンセリング的であっても、もしそれが子どものおかれた状況に適っているなら、子どもはこのような権威ある教師の断固とした取り組みによってこそ救われるのである。

六　タクトと教育的距離

学校教師に求められるもの

学校には、個人の病理から集団非行まで様々な問題が幅広く存在する。学校で子どもの成長を援助する者は、両極原理への二重の関わりのなかで、どちらの極にウェイトをおくべきかを、そのつど相手により状況に応じて、柔軟に変えていくことができなければならない。とはいえ、学校教師をカウンセラーと比べた場合、彼らが「しつけ不足」の子どもたちを相手に、「社会化の代理人」としての機能、父親役の方に比重を傾けざるをえない機会が多いことはすでに見た通りである。

とくに、思春期という難しい年代をあずかる中学校や高校では、この年代の重要な課題が父性性を取り込むことにあるのだから、援助者の応答として基本的に求められるのは、「母性機能に支えられた父性機能の発揮」、平たく言えば「優しさに裏づけられた厳しさ」であることを忘れてはならない。教師のカウンセリング・マインドであれ、スクールカウンセラーであれ、それが学校におけるカウンセリングである限り、その対極の原理・立場と連携できなければならない。もし、カウンセリングの中学校や高校への導入が、対極の原理・立場の一方的な排斥を意味するならば、青少年は彼らの「味方」を標榜する「物分りのいい」大人の手によって、最もスポイルされることになるだろう。

学校「荒廃」ということが言われてすでに久しいが、それでは、教育的な人間関係を「教える者」と「教えられる者」という権威的な関係ではなく、対等な者同士のパートナーの関係と考え、教育者の価値観をできるだけ伝えないことをよしとするカウンセリング的立場が学校「荒廃」を打開できるかといえば、私にはそうは思えない。カウンセラーならぬ学校教師にとっていま必要なのは、むしろ、権威の否定ではなく権威への勇気をもつこと、子どもの前に権威者として立ち現われる責任の自覚であり、信念をもって大切な価値を次世代に伝えようとする自信の回復であるように思うのである。

もちろん、思春期の教育における両極原理への比重が、そのまま幼稚園や小学校低学年の教育に当てはまるわけではない。一般に、年齢が低いほど母性的な対応が前面に出るべきだと言えるが、しかし実は、どの年齢段階においても、教育者の援助行為は、援助が必要とされる状況の全体のなかでcontextualizeされなければならない。たとえ、ある状況のなかで一方の極を選ぶ場合でも、その選択は当の状況のなかでcontextualizeされてはじめて、子どもの役に立つのである。正しくcontextualizeされたかどうかは、その選択行為の「自然さ」として、援助者と被援助者の双方に感じ取られるはずである。とはいえ、子どもを含む状況はどちらの極に偏っており、したがっていまは父性的に対応すべきか母性的に対応すべきかの判断を、教育者は往々にして間違える。この判断は案外難しいのである。

例えば、現代という時代状況がどちらの側面に偏っているのか、現代っ子は「しつけ過剰」なのか「しつけ不足」なのかという大局の判断ですら、実のところ一筋縄ではいかないのである。勉強への期待という点に限れば、時代はH・ノールの言う「誤った客観化」の方に大きく傾いており、子どもは「学習過剰」と母性喪失にあえいでいると言ってよいが、生活のしつけという点をとれば、今度はむしろ、時代状況は「誤った主観化」のほうに傾斜し、母性的な「甘え」を断ち切るための父性の喪失が深刻であると言ってよい。このような時代の状況を最も端的に示しているのが、「現代型」の不登校とも言えるある種の不登校児童生徒の増加である。AタイプとBタイプの混合型、神経症的タイプと怠学傾向との混合である彼らをとりまく父性と母性のバランス（というよりアンバランス）は、学業面での期待過剰、母性喪失と生活面での甘やかしの由々しき混交である。ところで、このような混合型の不登校への対処として現在とられているのは、純然たるAタイプに対する対処そのままなのである。

いや、不登校の子どもだけが「由々しき混交」型になったのではない。学校に通っている子どもたちもまた、一方では神経質で、もう一方ではだらしがない。一方では傷つきやすく、もう一方では身勝手というような二面性を併せもつ「由々しき混交」型になっているのである。そして、このような子どもたちを毎日、朝から夕方まで相手にする教師に対して規範的に要請されているのが、カウンセリングをモデルにした母性的で受容的な態度なのである。

もう一度確認しておこう。人間はその本質において両極的な二重傾向をもつ存在であり、成長と自立への援助の原理も、一方が他方の前提になるという仕方で互いに補い合う二重の原理である。学校のなかで子どもの成長を援助する者は、両極原理への二重の関わりのなかで、どちらの極にウェイトをおくことが「状況の要求」に正しく応えることになるのかを、そのつど自分の責任において判断しなければならない。

教育的関係におけるタクト

教育における両極原理の対立にあって、その時々の状況に応じた「適正な中間」を感じとり、その状況に相応しい言動を瞬時にとる力を「教育的タクト」という。タクト（Takt,tact）は、もともと「触れる」「感ずる」という意味をもつラテン語tactusに由来し、音楽の領域を経て、一般的な人間の交際の領域に入ってきた概念である。それは、他者との交際において、相手の心の動きを敏感に感じとりつつ、その時その場の状況に相応しい言動を即座に判断する力である。

タクトの概念を教育学のなかにはじめて導入したのは、J・Fヘルバルトである。彼は一八〇二年の『最初の教育学講義』のなかで、「理論と実践の中間項」としてのタクトについて言及している。理論はあくまで一般的であるが、教師が実践において直面する問題は具体的である。そこで教師には、理論に忠実に従いながらも具体の問題に応じて「すばやい判断と決断」を行う臨機の力、すなわちタクトが要求されるのである。ヘルバルトは、このようにタクトを教育学の概念にまで高めたが、彼が主として問題にしたのは、教授場面ではたらくタクトであった。H・ノールは、ヘルバルトのタクト論を継承しつつ、これを教育学的二律背反のなかでの正しい程合いの決定の問題として取り上げた。教育者と被教育者との人間関係のなかでとりわけ問題になるのは、このような正しい程合いに対するセンスとしてのタクトである。

ノールによれば、「教育の基礎は、成長した人間の成長しつつある人間への情熱的な関係である。しかもそれは成長しつつある者自身のための、彼が自己の生とその形式に到るための関係である[1]」。これはノールの「教育的関係」についての有名な定式であるが、興味深いことに、われわれはこの定式のなかにすでに、教育という営みの両極的構造を読みとることができる。すなわち、一方で、教育的関係は「成熟した人間の成長しつつある人間への」関係として、教育者の一定の教育意志――ノールの別の箇所の表現を用いれば「伝道的な文化意志」――をもってはじまる関係であるが、他方で、この関係は「成長しつつある者自身のための」「彼が自己の生とその形式に到るための」関係として、被教育者の側から規定されるのである。文化の客観的要請と個人の主観的生命、あるいは簡単に「客観と主観」に代表される両極は、つねに緊張をはらみつつ教育的生の全体を形づくるのである。このような両極の緊張関係のバランスが崩れて一方の極に傾斜してしまうとき、教育本来のあり方は歪められることになる。

教育という営みは、鍛錬と保護、厳格と寛容、拘束と自由、離隔と接近などの両極的な二重傾向のなかに、つねに統合を見出していくことである。責任ある教師は、そのつど諸対立の間に、その瞬間に適した「最良の線（美しい線）」を見いださねばならない。責任ある教師はタクト豊かな教師である。まさしく、ノールが言うように、「至るところで程合いが問題であり、そしてここでは合理的に決定するための客観的基準はないのであって、教育者においては彼の最も繊細な道具であるところのタクトだけが頼りである」[2]。

E・シュプランガーもまた、両極的に対立する教育の理念類型について論じた『教育の根本形式』という論文のなかで、「健全な中間線を見出すのが、最高の教育技術の仕事であるが、そのためにはいかなる規則を立てることもできない」[3]と述べている。言うまでもなく、ここでシュプランガーが「最高の教育技術」として念頭においているのはタクトである。

タクトにおける「正しい程合いの決定」は、両極のいずれが正しくいずれが間違っているかの二者択一でも、あるいは両極を単に分裂させたまま並存させておくことでもない。確かに、われわれの言語による教育「認識」は、見かけ上の一貫性を求めるために教育の両極性をそのまま持ちこたえられず、たいてい安易な二者択一や並存を決め込むが、しかし、それでは結局、行為的現実としての教育のリアリティーを捉え損なってしまうのである。現実の教育はつねに両極を具えてはじめて教育として成り立つのであるから、タクトもまた、全体の布置のなかで、どちらにより重点をおくのか、どちらが前面に出てどちらが背後に回るかの選択として、あくまでも両極性の内部にとどまるのである。

ところで、教育的タクトが教育者と被教育者の「独特の人間関係」である教育的関係のなかで発現するとすれば、いま述べた両極原理の間での「正しい程合いの決定」は、また必然的に「教育的関係における不可欠な距離の決定」と結びついているはずである。そこで、われわれは最後に、教師の資質・能力としての教育的「距離感覚」を論じなければならない。

教育的「距離感覚」

教育は、教育者と被教育者との間に「適正な距離」があってはじめて効果をあげることができる。もちろん、どれぐらいの距離が「適正」かは、子どもの年齢やおかれた状況によってまったく違ってくる。父性、母性のからみで言えば、母性は求心的、つまり距離をなくす方向にはたらくのに対して、父性は遠心的、つまり距離をおく方向にはたらく。ちょうど世に、父性的な教育論と母性的な教育論、硬教育と軟教育の考え方があるように、「距離」の位置どりに関しても、距離を「近く」設定しようとする教育論と、むしろ、できるだけ距離をとることを強調する理論がある。例えば、前者の部類に属するものとしては、教育者と被教育者の間の「心の触れ合い」や「対話」を唱えるもの、いやそれどころか、そもそも「教える者」と「教えられる者」の権威的関係を否定したり、世代間の上下秩序を「水平化」することを説く主張などがある。逆に、教える者の権威の回復を唱えたり、世代間の秩序感覚（けじめ）を強調する教育論は、後者の部類に属する。

概して、治療的関係においてカウンセラーの側から心がけるべき距離の位置どり、すなわち治療的「距離」と比べれば、学校における教育的「距離」はかなり「遠い」と言える。もちろん、学校にも一対一のひざ詰め的な関係はあるし、とくに最近はカウンセリング・マインドということが強調されている。また、同じ学校でも、小学校低学年において教師側から心がけるべき「距離」は、思春期におけるそれよりずっと「近い」はずである。

小学校の教師は、自分の目線を下げて子どもの目の高さで見ることを強調する。逆に、中学・高校の教師は、教師と生徒の目線（立場）の違いを強調し、馴れ合いの関係になることを戒める。例えば、埼玉で教師向けの教師塾を主催し、自らもまた中学校の教師である河上亮一氏は、「教師と生徒とは立場が違うのだということを、自分にも生徒にもハッキリさせる」[4]ために、まず、服装、身のこなし、言葉づかいを変えていくことから、「プロ教師」への修行をはじめたという。では、目線を下げて子どもとの距離を縮めようとする小学校教師と、意識的に生徒との距離を保持しようとする中学校教師の、いったいどちらが正しいのだろうか。ここでも、われわれはどちらが正しいのかを没状況的に決めることはできない。教師は、近づきすぎず離れすぎない「適正な距離」を、そのつど状況のなかで相手に応じて見いだしてゆかねばならないのである。

さて、「適正な距離」を言うには、子どもの年齢や発達段階だけではなく、教師の年齢や経験の深浅も考えなければならない。すなわち、年齢や経験は、子どもとの間に「自然な距離」をつくりだす。この距離が、若手にはないベテラン教師の持ち味でもある。ベテラン教師の「落し穴」は、この距離が開きすぎてやがて子どもへの共感性をうしなうことであり、その逆に若い教師の「落し穴」は、必要な距離が保てず、子どもと馴れ合いの関係に陥ってしまうことである。とくに、「子どもに好かれたい」という自己愛的な動機から教育活動が行なわれている場合はなおさらこの危険性が高い。

もちろん、教師の「教養の豊かさ」や「人格の高潔さ」もまた、子どもの間に「自然な距離」をつくりだす。しかもそのような内面的な価値からくる距離は、最も「自然な父性」、つまり「断固としていて脅威を与えない父性」として子どもにはたらくのである。しかし何といっても、最も基定的な距離は、教師が子どもに払う敬意、「神の子」への敬意のなかにあるように思う。

さて、距離は「役割」の問題と密接に結びついている。「役割」には、一定の行動様式や内面態度が付属しており、教師は教師らしく、生徒は生徒らしく振舞う（あるいは感じる）ことが期待される。役割を守ることは、教師と生徒の区別を明確にし、両者の間に一定の距離をおくのである。若い教師は、役割を放棄してこの距離を一気に縮めたいという誘惑と戦わねばならない。年配の教師は、いざとなれば役割という安全圏を出る勇気をもたねばならない。

先の河上氏と同じ教育塾を主催する、高校教師の諏訪哲二氏は、「教師と生徒との関係は、双方にそれぞれの立場を「演じる」という合意がなければ成立しないのに、最近の生徒たちは生徒を「演じ」なくなってしまった(5)」

と言う。引用中の「立場」という言葉は「役割」と同義にとってよかろう。役割は「演じる」ものであるが、これは単独で演じるのではなく、つねに「共演」なのである。諏訪氏は、このような「共演」関係の成立しがたさ、「生徒が、教師というものは生徒より「えらい」存在であるというフィクションを認め[6]」なくなったことに、今日の学校がおかれた困難を見るのである。

ところで、役割を重視する考え方は、教育学のなかでもあまり人気がない。ちょうど距離の近いことが暖かさと等置され、距離の遠いことが冷たさと等置されるように、役割は教師と子どもを感情的に引き離すもののように考えられているからである。しかし、われわれはここでも、役割か感情交流かという二者択一を決め込んではならない。両極的な構造をもつ教育を、黒か白かという択一的発想で捉えることはできない。逆説的な言い方になるが、役割によって生じる距離が、教師と生徒を結びつけるのである。

注

(1) Nohl, H., *Die pädagogischen Bewegung in Deutshland und ihre Theorie.* (Frankfurt/Main, 1978), S.134.

(2) Nohl,H., "*Die Bilung des Erziehers*", in Ausgewählte pädagogische Abhandlungen. (Ferdinannd Schoningh Paderborn, 1967), S.80.

(3) Spranger, E., *Pädagogische Perspektiven.* (Heidelberg, 1951), S.112.

(4) 河上亮一「プロ教師『五輪の書』『別冊宝島78　ザ・中学教師「プロ教師へのステップ」編』ＪＩＣＣ出版局、一九八八年、一一頁。

(5) 諏訪哲二『反動的！』ＪＩＣＣ出版局、一九九〇年、三六頁。

(6) 諏訪哲二　前掲書、三六頁。

第十章　学校のために、いま何ができるか

一　問いかけのスタンス――どこに身を置くのか

「学校は、いま何ができるか」[1]。実は、このような問いかけの形で与えられた今回のシンポジウムのテーマに対して、私は、多少ひっかかりを感じている。「学校の本質」についての一定の理論から、現在の日本の学校について診断・評価するというとき、私たちはいったいどこに身をおいているのか、そのことが気にかかるのである。たとえば、「教育哲学は、いま何ができるか」とか、「大学は、いま何ができるか」と問うときのスタンスとは、だいぶ違うような気がする。

一九七〇年代の後半以降、校内暴力、いじめ、不登校などの様々な教育「問題」を、マスコミは「学校の荒廃」を示すものとして好んで取り上げるようになった。私たちは、これらの「問題」についての多くの情報をマスメディアから得ているから、学校を見る私たちの眼差しは、これらの「問題」の取り上げられ方、報道のされ方にかなり制約されていると考えてよい。学校の「管理主義的」なあり方が、様々な教育「問題」を産みだしたという単純な図式が浸透するなかで、私たちはいつしか学校を、何かしら重苦しい抑圧的なものと見るようになってきた。

確かに、学校ないし学校教育にはそのような抑圧的な側面がある。その側面に注目すれば、学校で「教育された」経験は、そのまま「抑圧された」経験なのである。そのことを否定するつもりはないが、しかし、それはあくまでも、学校ないし学校教育の一つの側面にすぎない。

およそ、「管理教育」批判であれ何であれ、学校に対して、「外から」加えられる批判は、それが分かりやすくてアピールしやすいものであるほど、実は一面的である。しかも、それぞれの批判は、その一つひとつを取り上げてみれば互いに矛盾していて、両立不可能だから、学校はどうしても「両側から」の批判に「挟まれる」ことになる。場合によっては、同一人物による学校批判のなかにさえ、まったく逆方向の主張が混在したままであることがある。

このあたりは、ついこの前まで、行財政改革が不十分だとして政府を糾弾していたジャーナリストが、いまでは景気対策として大幅に財政支出を増やすことを求めているのと、構図的にはよく似ている。「外から」批判する側は、いくら矛盾する主張を述べてもかまわないのである。

こうして学校の教師は、相反する方向から加えられる批判に挟まれて「引き裂かれる」ような思いをすることになる。どちらに動いても攻撃されるとなれば、どちら側にも動けなくなるというダブルバインダルな状況に立たされることもある。気楽なのは、いつでも「外から」批判したり要求したりする側である。自分が「正しい」と信じる理論に従って、一方的に学校を裁断すればよいのだから。

しかし、学校を哲学することは、まさか何か出来合いの理論を当てはめて、学校を「外から」裁断することではあるまい。それは、私たち自身が学校をどのように経験しているかの徹底した反省であり、学校が両義的な場所であることからくる困難を、学校のなかにいる者とともに共有することである。

二　「進んだ学校」から「遅れた学校」へ――ひっくり返った評価

学校が、子どもたちにとって大変息苦しい場所になったと言われれている。しかし、それは、子どもたちの眼に「抑圧的」に映るようになったということであって、実際に学校が昔と比べてそれほど変わったわけではないだろう。変わったのは、学校ではなくて、学校（教師）を見る子どもの眼差しである。学校で教師がやっていること、あるいはやろうとしていることは、昔とちっとも変わらないのに、子どものほうが、それを以前とは違ったふうに感じるようになったのである。

その背後には、「豊かな社会」の実現にともなって、子どもたちの生活感覚が、私事化とコンサマトリー化の傾向を強め、そのために学校的な価値の絶対性が失われつつあるということがある。

変化したのは学校（教師）を見る子どもの眼差しだけではない。同時に、子どもに学校のイメージを媒介する大人の眼差しも変わってしまった。一言で言えば、ここでも、学校（教師）の威信は低下してしまい、学校は以前ほど人々にとって「ありがたい場所」ではなくなったのである。

かつて、学校と学校の外の社会との関係は、「遅れた社会」に対して優位に立つ「進んだ学校」が、「遅れた社会」の悪しき因習を打破して子どもたちを文化的に解放するという関係であった。しかし、この「遅れた社会」と「進んだ学校」という位置関係は、その後の社会の「高度化」によって完全に逆転してしまった。いまでは、「時代遅れ」になったのは学校であると言われている。確かに、消費化と情報化の急激な進展のなかで、学校の外の社会はすっかり変わってしまったのに、学校だけは社会の変化から取り残されたかのようである。かつては、「共同体」の桎梏から「個」を解放することに学校の使命があったはずなのに、いまではむしろ、かろうじて学校のなかに「共同体」が保持されているのである。

では、「進んだ社会」と「遅れた学校」との間のズレをどうするのか。この問題を考えることは、社会の「高度化」の進展のなかで、子どもたちが得たものをどう評価するかということとも絡んでいるが、私はあえて、「遅れた学校」が「進んだ社会」のあとを追いかけないほうがよいと考えている。こういう時代だからこそ、「学校の後進性」を積極的に評価したい。いや、評価の視点を変えれば、学校は「遅れている」のではなく、「最後の砦」として社会「再生」の鍵を握っているのである。

三　学校に通うということ

子どもにとって学校は、単に勉強をしにいく場所を意味するだけではない。子どもは学校に通うことで、他者との「共同」生活のなかで自分を生かすことを学ぶのである。そのような場所は、以前なら学校以外にもたくさんあって、だから誰もが、学校は勉強をしにいくところである、と考えていればよかった。しかし、かつて「封建的」と見なした共同体のなかでの暮らしの経験が、いまになって思えば、実はどれだけ学校での知的な学習を支えていたことか。そのような「共同体」に関わる経験の場としての学校の役割は、以前にも増して重要になっている。

とはいえ、このような学校の役割をいくら強調したところで、それに対しては第一に、いまどきの子どもたちの個人主義的な感性にまったく合っていないのではないか。第二に、教師にますます過大な負担を押しつけることになるのではないか、という批判が必ずや返ってくるに違いない。確かに、消費社会化と情報社会化の波にのみ込まれて、「個立」化を深めているいまどきの子どもたちの感性に、いまさら「共同性」に関わる経験などまるで合っていないように見える。しかし、これも一皮めくれば、実は、彼らほど切実に人との「つながり」を求めている世代はないのではないか。表面的には、人と関わることを煩わしいと思いながらも、心のどこかでつながることを欲している。しかも、実際に人と関係をとり結ぶのが苦手な子どもほど、そうなのである。私たちは、子どもたちのこの二つに「割れた」要求のどちらに応えてやればよいのだろうか。

教師に過大な負担を押しつけることになるという批判について言えば、私は、教師を追いつめているのは、負担そのものの大きさというより、それを背負うことを可能にする条件が、現在の学校にどんどん少なくなっていることだと考えている。そもそも、新たな「共同性」の構築に向けて、あえて時代を逆行するようなことが、学校だけの力で「できる」とは思わない。ちょうど、家庭にあって、父性がなくなれば母性もなくなるか歪んでいくように、地域社会や家庭の教育力が低下すれば、学校に「できる」ことも少なくなるのである。

しかし、それなら、私たちはいま、まさに「悪循環」としかいいようのない状況のなかにおかれていることになる。一方の力が弱まれば、他方の力が強まるのではなく、次世代を育てる力が全体として弱まるのである。この「悪循環」のモデルに従うなら、学校がへたに家庭や地域社会の「肩代わり」をすることは、まさにその努力によって、自らをますます窮地に追い詰めていくことになる。

新たな「共同性」の構築に向けて、学校に「いま何ができるか」。結局のところ、学校に何が「できる」か「できない」かは、純粋に「学校の力」によるというより、学校がやろうとしていることに、どれだけ周囲の理解と協力が得られるかによって決まるようなところがある。言い換えれば、学校は、孤立無援のなかでは何一つ「できない」し、逆に、周囲の支援があれば、まだまだ相当のことが「できる」のである。残念なことに、マスコミと一部のカウンセラーはその無責任な学校批判によって、学校に対する不信をあおり、学校を孤立無援の状態に追い込んできた。つまり学校を「無力化」するのに一役買ったのである。

学校において「公共」の立場を代表する教師は、子どもの勝手な振舞いを抑える者として、あえて「憎まれ役」を引き受けざるをえないことが多い。これまで教師が、このような「憎まれ役」をかって出ることができたのは、父母や地域の人びとの理解と支援があったからである。ところが、最近は、このような理解と支援をあまり期待できなくなりつつあり、それだけに、教師が子どもの前に公共性の「壁」となって立ちはだかることが難しくなっている。そこで、問われるべきは、「豊かな社会」にあって、誰もがこぞって「物分かりのよい大人」になろうとするとき、子どもたちは一人前の大人になるために、どうやって抑制と断念を学ぶことができるか、ということである。

四　高度情報化社会とこれからの学校

先日、小学校一年生になる息子の学級懇談会で、担任の先生からこんな話を聞いた。その先生はかなり年配の方なのだが、最近は、子どもたちが自分で判断したり、決断することができなくて、何でも先生にいちいち聞きにくるので、それに振り回されて困っているという。どうやら、その先生が挙げた例から判断すると、ここで先生がとくに問題にしておられるのは、子どもたちが、友だちとの関係のなかでどう動いたらよいか判断できない。友だちとの間に起こった些細な問題を、自分で解決できないということのようである。その先生によれば、自分の教師生活を振り返ってみても、この五年、一〇年の間でも全然違うという。なぜそうなったのか。その原因について先生は、何でも先回りして手を出しすぎる母親の関わり方に問題があるのではないかと分析されていたが、私は、母親の過保護ということだけでは、この間の子どもの変容をうまく説明できないと思う。この五年、一〇年の間に、小学校に入学する前の子どもたちの生活環境に、もっとはっきりした変化があったのではないかと思う。それは、乳幼児期という、親にとっては一番手のかかる時期に、ビデオの前に一日中座らされたり、テレビゲームを買い与えられて、いわば電子ベビーシッターのもとで育てられた子どもが急増していることである。もちろん、子どもがテレビを長時間視聴したり、ゲームに夢中になったりということは以前からあった。しかし、それは、例えば、幼児番組であれば朝夕に放送され、母親の一番忙しい時間帯にそれを見せるということで、ビデオのように一日中見せることはできなかったし、子どもがはじめて電子ゲームを手にする時期もいまよりはずっと遅かった。いまでは、小学校の一年生から六年生のなかでは、低学年になるほどゲームをする時間が長いという。一年生でそれだけゲームに夢中になるのは、幼稚園児のときからやっているからである。友だちと一緒に遊べるようになり、そこからいろいろなことを学ぶことのできる一番大切なときに。

私は、ニュー・メディアの子どもへの影響を考える場合、どれぐらいの年齢の子どもが一日のなかでどれぐらいの時間を、それと接触して過ごすのかを考えなければならないと思う。メディアは、人と人を「結びつける」媒体ともなりうれば、「切り離す」媒体ともなりうる。人の経験を「豊かにする」媒体ともなりうれば、「貧しくする」媒体ともなりうる。どちらの媒体となるかを見極めるうえで、人生のなかでの適時と生活のなかでの配分を考えることが非常に重要である。その点、子どもとニュー・メディアとの「早すぎる接触」と「長すぎる接触」は、明らかに適時と配分を間違えており、子どもと仲間を結びつけるよりは切り離し、子どもの経験を豊かにするよりは貧しくさせたと思う。

高度情報化社会を生きていくために「小学校からパソコン教育を」などと叫ばれている昨今であるが、そういう社会を生きていかねばならないからこそ、小学校の間は、情報処理のツールを使いこなすことより、友だちと一緒に遊ぶことを中心とした、「共同性」に関わる経験を優先すべきである。少し乱暴かもしれないが、小学校低学年までの子どもに関しては、「生きる力」とは、すなわち「遊ぶ力」である、「友だちと一緒に群れて遊ぶ力」であると言い換えて、彼らの生活環境を見直してやることが必要である。

子どもたちは、友だちと一緒に遊ぶなかで、いろいろなことを自分で判断し、決断している。遊びのなかで起こる問題は、ほとんど自分たちで解決している。思い通りにならないことは、自然に我慢することを学んでいる。ところが、メディア空間のなかで一人で過ごすことに慣れた子どもには、この遊びのなかでの「共同性」に関わる経験が不足しているのである。

以前なら、最初からそれがあるものとして出発できた遊びのなかでの「共同性」に関わる経験を、いまでは、学校教育がかなり意図的に子どもにもたせるよう仕向けていかなければならなくなっている。ただし、こう言うとすぐに、学校で子どもの遊びを指導しろというのか、という反論を招くに違いない。確かに、教師が子どもに直接働きかける必要はないし、またそのようなことはできないと思うが、しかし、遊ぶための条件を整えてやること、つまり遊ぶための「空間」「時間」「仲間」を確保するためにいろいろ知恵を絞ることはできるはずである。

その際、学校は子どもが一日の多くの時間をそこで過ごす場所であり、しかも必然的に多くの仲間が集う場所であるということの意味は大きいと思う。かつて子どもたちは、学校に通うことで、地域における異年齢の仲間集団から切り離されてしまったが、皮肉なことに、いまでは、学校に通うことで、大勢の仲間と出会うことができるのである。学校を、子どもたちが仲間との交流を深めていく場所として捉え直したい。

小学校低学年の子どもは、授業と授業の間の休憩時間のことを「遊ぶ時間」と呼んでいる。もし、この年齢の子どもにとって、友だちと一緒に群れて遊ぶことが大切であると本気で考えるなら、例えば「勉強する時間」と「遊ぶ時間」との間のケジメをしっかりつけたうえで、「遊ぶ時間」の比率を少し増やしてもいいと思うし、また、「勉強する時間」のなかでも、「生活科」や「総合学習」のような、授業のなかで五感を通した仲間との関わり合いを期待できる時間を、もっと確保できないかと思う。

とはいえ、学校における仲間との交流の意義をいくら強調したからといって、私は何も、学校が知育の看板を下ろすべきだ、などとは考えていない。最近は、いろいろ学習法についての考え方が進んで、昔風の、例えばドリルとか、まず形を学ばせるというやり方が否定され、「考え方」や「学習過程」ということが重視されているが、残念ながら、大人にとっての理想的な学習は、小学校低学年の子どもの「生理」には必ずしも合っていないように思う。私には、大人の考えた「よい学習」が、かえって子どもを長時間机に縛り付け、しかも勉強嫌いを増やしているように思えてならない。少し極端なことを言えば、小学校低学年ならば、国語と算数のドリルを、一日三〇分ずつしっかりやってくれれば、あとは全部「生活科」と「遊ぶ時間」でもかまわないのである。けじめのない学習で一日をのんべんだらりと過ごすよりは、このほうがずっと、一日の生活のなかに、そしてまた一日の学習のなかに、はっきりとした変化とリズムをつくってやれるはずである。

小学校低学年における遊びのなかでの「共同性」に関わる経験の意義を再三再四強調してきたが、私は、この時期までの子どもたちに、仲間と一緒に群れて遊ぶことの楽しさをしっかり経験させてやることが、長い目で見れば、いじめや不登校などの問題への、最も効果的かつ根本的な対策になると考えている。間違っても、「共同性」に関わる経験から子どもたちを遠ざけたり、「共同存在」に関する自分の問題から目を背けさせることで、この問題を解決しようとしてはならない。

学校はこれまで、消費文化とメディア文化の子どもの生活への影響をくい止めることに精根を傾けてきた。それは、学校があまりにも頑迷で怠慢だからしてきたことなのだろうか。そうではなかろう。それは、人間を孤立化、分断化させつつある現代の支配的な文化に対する、「対抗文化」の中核的な担い手として学校が機能してきたからである。そして、私たちは一方では、「学校の後進性」をあげつらい、これを批判、攻撃しつつも、他方では、共同体の完全な崩壊を恐れて、この「遅れた学校」に寄り掛かってきたのである。

「学校は、いま何ができるか」。この問いかけは同時に、私たちに向けられた「学校のために、いま何ができるか」という問いかけを含んでおり、そして、この私たちに向けられた問いかけに対する、答えなのである。

注

(1) 本稿は、教育哲学会第41回大会の課題研究（「学校は、今何ができるか」）において提案者として報告したものである。

第十一章　共同性に関わる経験の場としての学級

はじめに

学級というものが、学校における教育活動の基礎的な単位となっていることは間違いない。子どもたちは学校生活の大半を、学級のなかで過ごしている。もともと学級は、効率的な教授を行うためにつくられた組織であるが、しかし、それは同時に、子どもたちが仲間と共に生活し、交流を深めていく場所である。わが国の教師は、集団的な教授についての高い技量を身につけるとともに、学級における共同生活が子どもの成長に与える影響を重視し、学級のなかに共同体（的関係）を築き上げようとする、いわゆる「学級づくり」に多大な努力を払ってきた。

ところが、今日、教授の単位としても、生活の単位としても、われわれにとって自明であった「学級という枠組み」が大きく揺らいでいる。まず、ティーム・ティーチングや少人数授業などの導入によって、一斉授業という教授スタイルと適合的であった学級教授のあり方に変化が生じている。さらに、九〇年代の末頃から社会問題化した「学級崩壊」という現象によって、子どもたちの生活の場所としての学級のあり方も問われている。

このような「学級という枠組み」の揺らぎの背景には、近年の学校教育をめぐる「個別化」と「私事化」の動向がある。学校教育のあり方について、共同性の側面よりも個人を中心に考える傾向が強まっているのである。このような動向のなかで、学級集団といえば何か抑圧的なものとして、学級教授といえば何か画一的なものとしてイメージされるようになってきた。

学級教授の揺らぎ

「学級という枠組み」が問題視されている文脈は、大きく分けると二つになるが、そのうちの一つは、一人の教師が学級の子どもたちに一斉に同じ内容を教えるというやり方では、「個に応じた教育」はできないという文脈である。この文脈のなかで、学級を単位とした授業といえば一斉授業、一斉授業といえば画一的な教授スタイルということになって、どうも学級教授のイメージがよくない。しかし、このような学級教授＝画一的な一斉授業という、それこそ「画一的」な見方で、わが国の教師のこれまでの学級教授の取り組みを裁断しないほうがよいと思う。

日本の学校現場で、ほぼ一年間にわたって参与観察した（子どもと一緒に授業を受けた）W・カミングスは、その観察記録である『ニッポンの学校』のなかで、「教室は、伝統的な教授法に沿ってデザインされており、実際にもそのような教授法が採用されているようである」[1]と述べている。この「ようである」という部分の傍点は、日本の教師自身も、そのような見方をしているにもかかわらず、カミングスの目には、彼らが「伝統的な教授法とは相当異なった方法を採用している」[2]ようにうつったことを強調するためである。カミングスが教室のなかで（驚きと賞賛の目をもって）見たのは、例えば、「発問」と指名によって進める授業や「班」を利用した共同学習など、われわれの目からみれば、お馴染みのやり方である。多くの日本の教師は、子どもたちの授業への積極的な「参加」と「学び合い」を促すための高い技量を身につけている。

「日本の教師は、もっと教授法を革新したいと考えているように見えるが、同時に彼らは、現在のやり方に自信をもっているようにもみえる」[3]と、カミングスは言う。そうだとすれば、どれだけ「学習の個別化」ということが声高に叫ばれても、他方では、それでも一斉指導がオーソドックスであることは変わらないであろう。これをマスターして教師として一人前である、と日本の教師は考えてきた。一斉指導かそれとも個別指導か、どちらか一つだけというのではなく、与えられた条件のなかで相応しいやり方を選ぶためにも、まずは学級における一斉教授のやり方をマスターしなければならない。一斉指導もできる、しかしいまは個別指導をするというのでなければ、本当に「個に応じた指導」にはならないであろう。

ティーム・ティーチングや少人数授業は、学級教授のあり方を根本から変えるかのように言われる。しかし、私にはどうもいま一つピンとこない。もし、一クラス四〇人の子どもたちを二人の教師で教えるとしたら、三つのやり方ができる。一つは、子どもたちを二〇人と二〇人に割って、二人の教師がそれぞれ二〇人ずつ教えるというやり方、もう一つは、二人の教師が一緒に（ティームを組んで）四〇人を教えるというやり方、そして三つ目は、一時間目と三時間目と五時間目は、一人の教師が四〇人を教えて、それ以外の時間はもう一人が教えるというやり方である。それぞれのやり方には一長一短があるが、私自身がこの二人の教師のうちの一人ならば、三番目のやり方をベースにして、他の二つのやり方を一部取り入れることを望む。三番目のやり方だけが、授業と授業の間に「空き時間」をもてるからである。小学校の教師にも「空き時間」がほしい。しっかりと授業の準備と教材研究をするために、である。ずっと授業に出ずっぱりで、本当に授業を大切にしていることになるだろうか。ティーム・ティーチングや少人数授業を授業改革の「目玉」のように持ち上げるのはいいが、それらはあくまでも学校現場に限定的に取り入れられてこそ意味があると思う。

学級崩壊という現象

「学級という枠組み」が問題にされている文脈は、もう一つある。それは、「学級崩壊」という言葉で呼ばれている現象の原因や対策を論じている文脈である。この言葉は人々に強い印象を与え、ある種の流行語となったが、それにともなって、この言葉を使うことで理解される現象の範囲はどんどん拡大した。言葉だけが独り歩きするようになったのである。

学級崩壊は学級における秩序の崩壊現象であり、しかも担任のもとで学級に起こる現象である。最初は、一部の子どもが学級をかき回していたのかもしれない。しかし、これにその他大勢の子どもが同調し、やがて、学級全体に対する担任の統制がまったく利かなくなるのである。

こうした「学級崩壊」現象の原因と対策については、様々に論じられており、それぞれに「なるほどな」と思うことも多いのだが、一つ、どうも気になる点がある。多くの論者が、「学級崩壊は、どの担任教師のもとでも起こりうる」ということを強調し、そこから一足飛びに、「学級は制度疲弊を起こしている」とか「学級担任制をやめるべきだ」という方向に議論をもっていっている点である。確かに、「学級崩壊は、どの担任教師のもとでも起こりうる」とも言えるが、しかし同時に、「指導力のない担任教師のもとで起こりやすい」とも言えるはずである。前者の面を強調すれば、学級崩壊は、学級担任制を前提とする「学級」という制度（システム）の問題になる。そういう見方も必要だろう。私も、小学校高学年には、もっと専科教員を配置すべき（部分的に教科担任制を取り入れるべき）だと考えている。ただし、学級担任制をやめるべきだとは思わない。むしろ、担任教師による「学級づくり」の重要性は、いまのような時代だからこそ、ますます高まってきていると思う。「学級崩壊は、指導力のない担任教師のもとで起こりやすい」という面から目を逸らさず、「学級づくり」とそこで果たす担任教師の指導性についての、地道な議論を積み重ねていくことが必要である。

学級づくりの課題

四月の当初、新しく編成されたばかりの学級には、まだ学級としての「まとまり」もなければ、子どもたちの学級への愛着もない。こういう個々ばらばらの学級のなかに共同体（的関係）を築き上げようとする担任教師の取り組みを、われわれは「学級づくり」と呼んできた。

こうした学級づくりの取り組みには、それぞれの担任教師のやり方がある。それらは、十人十色の個性的な実践でありながら、いずれも「日本的学級経営」と言えるような取り組みである。例えば、学級目標の設定。それは、これから一年間どのような学級生活を送りたいかを皆で決めることである。皆の願いは学級目標に集約され、教師はそれを折りにふれて口にする。皆の願いに合致した学級生活をおくらせるために、である。あるいは、係や当番の仕事、また「班」での共同活動の組織化。担任教師はできるだけ早く係や「班」などの学級の仕組みを整え、それらが学級のなかで機能するようにはたらきかける。子どもたちは、こうした仕事や共同活動を通して、学級の一員としての自覚をもち、仲間との「きづな」を深めることができるのである。

ところが今日、こうした日本的な学級づくりが、大きな挑戦を受けていることは確かである。学級づくりの重要性はますます高まっているにもかかわらず、逆に、学級づくりのための「条件」がどんどん悪くなっているのである。学級づくりに取り組もうとする教師にとって、悪条件の一つは、言うまでもなく、子どもたちの社会性の低下である。子どもたちの人間関係が希薄になり、仲間とのつきあいを苦手とする子どもが増えている。そういう子どもたちを相手に、学級のなかに共同体（的関係）を築き上げるのは容易ではない。しかし、そういう彼らのためにこそ、学級という教育的共同体とそこでの共同性に関わる経験が切実に求められるのである。

もう一つ、教師にとっての悪条件がある。それは、人々の教育意識の「私事化」が急速に進んだことである。「私事化」した時代の教育のキャッチフレーズは「個性尊重」である。「個の集団への埋没」ということも言われている。この点で、学級のなかに共同体（的関係）を築き上げようとする教師の努力は、時代の流れに逆行していると言わねばならない。日本の教師の「学級づくり」のための努力が、「日本的集団主義」の名のもとに厳しく批判されてきた。このような批判は、現代人の「私事化」した生活感覚によくアピールするようである。多くの人々が、共同体的な生活は「個の自立」を妨げると考えている。しかし、共同体や「他者」から切り離された

「個の自立」など、およそ幻想にすぎない。

おわりに

ものごとには順序というものがある。先ほど私は、「個に応じた教育」をするためにも、一斉指導というオーソドックスをしっかり踏まえるべきだ、と述べた。同様に、「個を活かす教育」をするためにも、集団規範を確立し、学級のムードを高めていくことは重要な課題である。「学級づくり」をベースにして、その上に、「個を生かす教育」が花開くのである。

注

(1) ウィリアム・K・カミングス『ニッポンの学校　観察してわかったその優秀性』友田泰正訳、サイマル出版会、一九八一年、一五八頁。
(2) カミングス、前掲書、一五九頁。
(3) カミングス、前掲書、一六二頁。

あとがき

いきなり私事になって恐縮であるが、私は、大学院の専門課程（教育学専攻）を終えたあと、京都洛西の地に開設されたばかりの私立高校の教師となり、そこで、三年間、高校生たちに現代社会と世界史を教えた。いまでは、京都の進学校としての一定の評価を得ている高校であるが、開校した当初は、特進クラスの生徒を除けば、学力の低い生徒の方が多く、彼らはかなり「荒れて」いた。開校初年度には、一学年しかいなかったのに、約一クラス分の生徒が学校を中退した。私が担任をしたクラスでも、六人の生徒が学校を去った。その頃の私は、学校で次から次へと起こる生徒指導上の問題に翻弄されながら、（教科の素養もあまりなかったので）まるで自転車操業のような授業をしていた。

平成元年に、私は香川大学に赴任し、「生徒指導論」や「学級経営論」などの教職科目を中心に担当することになった。大学院時代の自分の専門は、「教育哲学」であったが、香川大学での担当は「生徒指導論」や「学級経営論」などである。高校での社会の授業のときと同じように、また自転車操業だなと思いながら、講義の準備のためにこの分野のものをあれこれ読んでみて驚いた。学校という両義的な場所で、それこそ「引き裂かれるような思い」をしながら生徒と向かい合う教師の声を代弁しているものが、ほとんどないに等しいのである。政治主義か、あるいは心理主義。シンプルな図式や出来合いの理論を当てはめて、学校教育や生徒指導のあり方を「外から」裁断するものばかりが目立つのである。それなら自分が書こう。学校の立場を擁護し、教師の声を代弁するようなものを自分が書こう。そう心密かに決意してから、その自分自身に対する約束を果たさぬまま、とうとう一五年あまりが過ぎてしまった。

論文には、食べ物と同様に、賞味期限というものがある。一年にせいぜい一本か二本という私の生産のペースでは、出版のためにある程度の分量が揃うのを待っていたら、かつて書いた論文がどんどん「古くさく」なっていく。古いものを切り捨てて、しかも同じ系列に属するものだけを集めると、今度は数が足りない。これでは、いつまでたっても出版できないのである。いまの自分の研究上の仕事は、臨床教育学に関するもの、小学校における「縦割り班」活動に関するもの、そして大学教育学に関するもの、この三つになる。それぞれについて、どこかで、踏ん切りをつけながら前に進まなければ、と強く思うようになった。『臨床教育学の視座』に続いて、このあと小学校の先生方との共同研究（「縦割り班」活動の研究）の成果を、早急に纏めたいと考えている。

今回、校正作業のために、かつて自分が書いた論稿を読み返してみて、また食べ物にたとえるなら、「よい味が出てるな」と思うものもあれば、もうそろそろ賞味期限切れじゃないか、パッケージは違うけど同じ味だなと感じるものもある。後者のものを切り捨ててしまえれば一番よかったのだが、後者のように感じるものが、前者のように思うものと同一の論稿であったりもする。そこで、あえて古くなりつつあるものや、部分的に重複しているものも載せている。ご寛恕願いたい。

なお、本書のもとになった論稿の初出は、以下の通りである。

第一章
「教師のための物語学―教育へのナラティヴ・アプローチ」矢野智司・鳶野克己編『物語の臨界―「物語ること」の教育学』（世織書房、二〇〇三年）。原題を変えるとともに一部修正を加えた。

第二章
「「物語ること」と人間形成」岡田渥美編『人間形成論―教育学の再構築のために』（玉川大学出版部、一九九六年）。

第三章
「教育のナラトロジー」和田修二編『教育的日常の再構築』（玉川大学出版部、一九九六年）。

第四章
「教育の語られ方と「公／私」問題」平成12・13年度科研費研究成果報告書「教育における〈公共性〉に関する人間形成論的総合研究」（研究代表者　皇 紀夫）二〇〇二年。
第五章
「老いと時間」岡田渥美編『老いと死―人間形成論的考察』（玉川大学出版部、一九九四年）。
第六章
「いじめの語られ方―いじめ問題への物語論的アプローチ」山﨑高哉編『応答する教育哲学』（ナカニシヤ出版、二〇〇三年）。
第七章
「教師と生徒の人間関係―転移―逆転移の観点から」香川大学教育学部研究報告第Ⅰ部第105号（一九九八年）。一部修正を加えた。第2項は「教育における転移と逆転移―献身的な教師の挫折」教育学研究第76号（一九九七年）と重なる。
第八章
「「ほめ」と「叱り」の現象学」香川大学教育学部研究報告第Ⅰ部第86号（一九九二年）。
第九章
「カウンセリングと教育」山﨑高哉編『教育学への誘い』（ナカニシヤ出版、二〇〇四年）。原題を変えるとともに、「教育的な援助関係の二重性―学校教育とカウンセリングの相補的な共働」和田修二・皇 紀夫編『臨床教育学』（アカデミア出版会、一九九六年）、「教育のパラドックスからパラドックスの教育へ―教育へのパラドキシカル・アプローチ」加野芳正・矢野智司編『教育のパラドックス／パラドックスの教育』（東信堂、一九九四年）の内容を、第5項、第6項に加えた。

第十章
「学校のために、今何ができるか」教育哲学研究第79号（一九九九年）。教育哲学会第41回大会の課題研究（「学校は、今何ができるか」）で提案したものである。

第十一章
「共同性に関わる経験の場としての学級」中国四国教育学会『教育学研究紀要』第49巻（二〇〇四年）。中国四国教育学会第55回大会の課題研究（「今、『学級』を問い直す」）で提案したものである。

本書が、学校を取り巻く厳しい状況のなかで、子どもの健やかな成長のために日々奮闘しているわが国の教師と、教職を目指す学生たちへの声援となっていれば幸いである。

本書の出版に当たって、ナカニシヤ出版編集部の酒井敏行氏には、格別のご尽力をいただいた。心よりお礼申し上げたい。

平成一八年二月二日

毛利　猛

人名索引

タ行

ナ行

ハ行

マ行

ヤ行

ラ行

ワ行

英字

事 項 索 引

【著者紹介】
毛利　猛（もうり　たけし）
1958年生まれ
1981年京都大学教育学部卒業
1986年京都大学大学院教育学研究科博士後期課程単位取得退学
現在，香川大学教育学部教授（教育人間学・生徒指導論）

臨床教育学への視座

2006年　3月31日　初版第1刷発行
2021年　9月10日　初版第7刷発行

定価はカヴァーに表示してあります

著　者　毛利　猛
発行者　中西　良
発行所　株式会社ナカニシヤ出版
〒606-8161　京都市左京区一乗寺木ノ本町15番地
Telephone　075-723-0111
Facsimile　075-723-0095
Website　http://www.nakanishiya.co.jp/
Email　iihon-ippai@nakanishiya.co.jp
郵便振替　01030-0-13128

装丁＝白沢　正／印刷・製本＝ファインワークス

Printed in Japan.
ISBN978-4-7795-0064-0